DU MÊME AUTEUR

TOUT CE BLEU, roman, Grasset, 1996.

MÂ, roman, Grasset, 1998, sélection Renaudot, Prix Erckmann-Chatrian, Grand Prix littéraire de l'Afrique noire.

LE CRI QUE TU POUSSES NE RÉVEILLERA PERSONNE, roman, Gallimard, 2000.

CHEVAL-ROI, Le Rocher, 2001.

LE LIVRE DE L'ALLIANCE, essai, en collaboration avec André Chouraqui, Bibliophane, 2003.

YAOUNDÉ INSTANTANÉS, mélanges, Editions du Laquet, 2003.

LA SALLE DES PROFESSEURS, roman, Le Rocher, 2003.

VOICI LE DERNIER JOUR DU MONDE, roman, Le Rocher, 2005.

À LA VITESSE D'UN BAISER SUR LA PEAU, roman, Anne Carrière, 2007, sélection Renaudot.

NOUS, ENFANTS DE LA TRADITION, roman, Anne Carrière, 2008.

JE LA VOULAIS LOINTAINE, roman, Actes Sud, 2012.

RENDEZ-VOUS AVEC L'HEURE QUI BLESSE, Roman, Gallimard, collection Continents noirs, 2015, Prix Georges Sadler de l'Académie de Stanislas.

SOUS L'APAISANTE CLARTÉ, poèmes, en collaboration avec Jean-Philippe Goetz, Tertium éditions, 2015.

LE DIEU PERDU DANS L'HERBE, L'ANIMISME, UNE PHILOSOPHIE AFRICAINE, essai, Presses du Châtelet, 2015, Grand Prix de l'institut maçonnique de France.

LES PARFUMS ÉLÉMENTAIRES, Gallimard, collection Haute-Enfance, 2019.

CONTINENTS NOIRS

Collection dirigée par Jean-Noël Schifano

GASTON-PAUL EFFA

Pour Alain Nicolas,

voilà

La verticale du cri,

récit

Pour retrouver
l'universel en chaque
être,

Cordialement,

[illegible]

le 19/20 sept 19

CONTINENTS NOIRS *nrf* GALLIMARD

L'homme est fou. Il adore un Dieu invisible et détruit une nature visible, inconscient que la Nature qu'il détruit est le Dieu qu'il vénère.

Hubert REEVES

Voir le monde dans un grain de sable
Et le paradis dans une fleur sauvage
Tenir l'infini dans le creux de sa main
Et l'éternité dans une heure

William BLAKE

Verse des larmes si
ton cœur mordu par la douleur
te le réclame
mais ne pleure pas

Gabriel MWÈNÉ OKOUNDJI

La féticheuse s'est mise à chanter. Elle est assise sur un tronc d'arbre et s'accompagne par intermittence d'un mvet à trois cordes pour accueillir l'aube lisse et étincelante. Elle se tient au plus près de la forêt, frôlant du visage les branches les plus basses. C'est comme si la sève, passant à travers sa gorge, entraînait ses pensées et les fécondait. Elle ne suppute rien, se contente de psalmodier et ne désire rien davantage. Ce qui s'échappe de cette voix si simple, si juste, a le don de secouer le cœur comme un grelot, de remplir l'esprit d'intuitions fulgurantes comme autant d'éclairs.

Pendant qu'elle chantait, les macaques, les babouins et les petits chimpanzés se pressaient à son cou, attirés par ces notes familières, qu'une intime et longue fréquentation leur avait fait reconnaître, mais que seule une faille brutale dans le cours de la vie découvre et révèle dans leur évidence.

À tour de rôle, chaque espèce venait rejoindre la femme en signe de communion : des apparitions étranges, fantomatiques, des oiseaux gendarmes, des moineaux et certains perroquets du Gabon perdaient de l'altitude pour planer au-dessus d'elle. Ils saisissaient sans doute là un halo de sens qui était pour eux comme un signe de reconnaissance. On aurait dit que l'aube soulevait les branches de rousseurs fauves dans la pure splendeur de la couleur et de la lumière.

Le sentiment venait que la réalité banale, avec toutes ses

règles, ses conventions, n'était qu'une façade illusoire pour donner le change à des aspirations plus secrètes que seuls les animaux avaient le don de pressentir.

Quelle était donc cette voix qui arrêtait la nature, comme soumise malgré elle au rayonnement d'une cérémonie majeure? Même les criquets, surpris dans leur bavardage, se taisaient, éprouvant, au fond de leur solitude, et dans l'agitation qui les poignait, la paix immobile qu'apporte l'intuition d'être en harmonie avec le monde. Les fourmis, les cafards, les termites mêmes s'immobilisaient. La respiration insaisissable et multiforme d'un univers alerté exigeait que tout se tienne là, sur un attentif qui-vive.

La voix était basse, presque hypnotique, un vrai printemps d'innocence féconde et jaillissante, une voix toute de découverte et de simplicité. Elle multipliait les harmoniques, abondait dans la variété des formes et s'approchait, dans la lenteur de son déploiement, de quelques-unes de ces zones plus sombres et plus déchirantes qui constituent le cœur spirituel de chaque être.

Il est quatre heures du matin. Les seuls bruits sont ceux de mes pas et de ma respiration, les bruits mats de mes pieds nus sur la latérite. Je suis enveloppé de silence. À l'heure où les oiseaux de proie retournent se coucher, chaque mot devient un cri, chaque murmure un vagissement. J'ai le sentiment de me retrouver au premier matin du monde. Au-dessus de ma tête, le ciel me raconte son histoire, celle de la Grande Ourse, celle de la Petite Ourse, celle de l'éternité, de l'infini, de la lumière, de la nuit, du Grand Chariot, du Petit Chariot, celle des nuages qui transportent au loin l'eau que boiront ceux qui n'ont pas la chance de voyager. L'étoile du matin me prévient qu'il y a un autre monde caché dans celui-ci. On le devine à la faible lumière de ces étoiles probablement mortes depuis des millions d'années.

Ici, on ne dit pas bonjour. On salue en silence les morts qui font signe en nous.

Le jour où je rencontrai celle dont j'ignorais tout jusqu'au nom, quelque chose se mit à animer le tableau, quelque chose qu'aucun regard ne peut altérer ni souiller. Dans cette forêt de baobabs, de bougainvilliers, d'okoumés et de bois de rose, je l'imagine partir à l'aube pour la cueillette. Son haleine danse à peine, à l'image d'une montagne cachée par la brume. Sa silhouette minuscule s'efface derrière le tronc de palétuvier, tout juste avant l'orée du bois.

Je l'entends encore aiguiser sa machette, debout, dans la première rosée, les pieds dans l'herbe humide. Son odeur, à l'image du fleuve du temps, croît avec le jour, s'exaspère, monte dans le ciel jusqu'à devenir nuage, fumée et retomber pour alimenter la rivière.

L'évidence, c'est ce qui empêche de voir. J'avais le sentiment d'avoir toujours connu cette femme. Je reconnaissais les sentiers qu'elle foulait, les arbres sous lesquels elle mangeait et parlait, j'entends encore sa voix, basse et rauque, mais je ne comprends pas sa langue. Je la revois, marchant, ses petits bras levés vers le ciel, invectivant sourdement les arbres. Ou était-ce plutôt pour grommeler en serrant les poings contre ces fieffés profanateurs de la forêt qui, de leurs excavateurs, dispersaient le gibier, levaient le vent et blessaient la nature ?

J'étais venu ici car je pensais par ma naissance faire partie des blessés de la vie : ceux qui relèvent de ce qu'on appelait le « tiers-monde » et qui formaient la tribu des damnés de la terre, porteurs de grandes souffrances et d'inconsolables deuils. J'étais venu auprès d'elle car j'avais bu toute l'eau amère de ma destinée, j'étais parmi les éternels crève-cœur, crève-corps, qui n'avaient plus grand motif d'aimer la vie.

Si mon père m'avait envoyé chez les Pygmées de la forêt camerounaise, c'était pour rattraper le passé. Il ne m'avait jamais rien transmis de la tradition et considérait que je vivais aveugle comme l'effraie. Il souhaitait que devant la plus grande féticheuse pygmée mon regard s'ouvre, qu'il tende ses ressorts et se porte autant que possible au-delà de lui-même, se concentre sur une portion de moi-même, de la nature, avec la certitude que chaque fragment qui me sera donné me dévoilera la totalité.

Venir ici, c'est apprendre à renoncer à toute tentative d'interprétation des choses et me contenter de voir la nature telle qu'elle est donnée. Je m'interrogeais. Je doutais même, car il n'y a rien qui ressemble plus à une terre qu'une autre terre, si l'on entend par là un espace étendu sans autre caractère spécifique que son extension. J'avais longuement interrogé mon père qui affirmait, pour me dessiller les yeux, que ce que l'on peut croire inerte s'avère souvent mobile et ce qui peut paraître quelconque peut se révéler riche et complexe, si le regard apprend à s'y poser et y cherche un signe.

Mon cœur avait déjà battu à la simple évocation de la féticheuse, à l'idée de rencontrer ce regard qui avait le don de voir au-delà du visible. J'attends. J'attends dans une pièce isolée qu'elle veuille bien me rencontrer. Je me demande si c'est la nuit qui est trop longue et qui ne finira jamais. Mon corps entier souffre d'attendre. Le rendez-vous était donné au matin, mais ici, ils n'ont pas de montre mais disposent du temps. Il faut donc que j'apprenne à attendre. Tout mon corps, tout mon être devient une immense attente qui ne sera bientôt plus qu'un cri de solitude. Je me lève dans cette case crasseuse, infestée de moustiques. Je me dégourdis les jambes. Je m'assois. Je n'ai pas sommeil. Je résiste. Il le faut. Je le veux. Il n'y a qu'un acte à accomplir, je le sais, le dernier geste du dernier rite. Un cri monte en moi, il aiguise sa verticale à l'endroit où l'âme et le corps se confondent. J'attends. J'attendrai encore longtemps. Je le sens.

Je repasse dans ma tête tous les poèmes appris dans mon enfance, toutes les comptines, je fais défiler tout le programme de philosophie, je suis bientôt délesté de toute anecdote, je ne suis guère plus que l'ombre de l'attente.

Quelque théâtrale que fût notre première rencontre, elle ne m'avait pas déçu pour la raison sans doute qu'elle était sincère, vraie.

Je crois aujourd'hui avoir entendu ceci : « Ta tête est coupée de ton corps, tu es comme une kora désaccordée, qui n'émet plus aucun son juste ! » Elle s'était tournée vers moi et, me regardant comme si j'avais été un arbre quelconque dans son immense forêt ou un banc de bois dans sa case, elle me congédia. Autour de nous, sa voix trouait l'air vers les volubilis bleus qui jaillissaient, cascadaient, puis se dissipaient dans la plus forte efflorescence du ciel. La lumière s'y précipitait.

J'étais debout, dans une lumière devenue trop forte, en sueur et ébloui. Je clignai des yeux pour mieux voir cette femme accroupie dans un coin d'ombre, sous un palétuvier, sa tête légèrement penchée et comme réfléchissant. Elle dissimulait ses yeux. J'eus envie de m'enfuir, de me rapprocher d'elle, de la sentir proche de moi. Je balayai mes pensées d'un revers de la main, comme on efface un tableau. Puis aussitôt, j'eus le sentiment qu'elle m'avait emporté, comme le reste.

Puis il y eut ce moment terrible. Les hommes et les femmes défilaient et dansaient pour ce Dieu nulle part visible mais partout présent. Des jeunes alertes, des vieux épuisés, des femmes fatiguées, les pieds nus déformés par le temps, des enfants qui toussaient et reniflaient. Des murmures de peaux, des chuchotis de pas, le tout dans une basse continue de silence.

Elle psalmodia quelques mots, s'arrêta de parler, eut un sanglot dans la voix, fit silence, un silence qui dura une éternité, puis m'invita à me déshabiller. L'arrogance et la honte se disputaient ma pudeur. En un éclair, je vis tous les yeux de la cour fixés sur moi. Mon corps parlait. Savait-elle seulement qu'un homme dénudé ne peut plus rien cacher? Jamais aucune parole n'avait délivré autant de messages en si peu de temps. Je vis défiler des nains qui me lançaient de grands saluts bruyants et hilares. Il se tramait alors une réalité qui m'échappait, une réalité brutale et lourde que je ne comprenais pas.

La femme, à côté de moi, me sembla géante. Tandis que certains auscultent en palpant de leurs mains, la femme pygmée, comme le rat à la truffe frémissante, promenait son nez sur tout mon corps. J'entendais son haleine aller et venir. Lentement, son regard me fit face, je l'imaginais renverser sa tête un peu vers la gauche, un peu vers la droite, avec une lenteur affectée, presque coquette, épargnant curieusement la tache de naissance fleurissant près du cœur. Elle me posa deux doigts, l'index et l'annulaire joints, sur la bouche comme pour m'inviter au silence. Moi dont le métier était d'enseigner, je compris que j'avais passé mon temps à me cacher derrière les mots, et lorsque advient le vrai silence, la carapace se brise et il devient impossible de ne rien dire quand on est nu.

Sa voix murmurait : « Apprends à toucher... » C'était un conseil ou un ordre, peut-être une sentence qui pouvait paraître complètement déplacée pour quelqu'un à qui on avait appris depuis l'enfance chrétienne que le corps était source de péché. Elle posa ses mains sur mes pieds, longuement, sans bouger. Je sentis alors monter en moi une chaleur immense, comme si c'était l'extinction de toutes les possibilités de la vie. Puis je sentis monter en moi la rumeur subtile des choses, peut-être les mots d'une enfance reconquise.

Soudain, elle s'immobilisa, saisie d'effroi. Elle fixait un point non perceptible dans mon corps, un point presque miraculeux qu'on ne peut percevoir que dans le silence. Son regard portait plus loin que le simple paraître, je veux dire ce qui transparaît, comme si elle voyait tout de suite la chair et l'ossement, et même ce qui nichait derrière, la substance de l'être.

Elle me fit pencher en avant, les yeux rivés au sol, posa une pierre sur mon front comme si elle écrasait ma raison. Je grelottais et découvrais dans le même temps mon impuissance et la certitude de ma faiblesse. Décrire cet instant est une gageure. La pierre qui m'écrasait le front renvoyait tous les mots à leur vanité sonore. Ce geste ressemblait à ces inscriptions de légendes sur les portes des chambres aux trésors qui nous rappelaient qu'il fallait se baisser, se baisser encore, toucher, toucher la terre la plus basse, la tourbe, si on voulait espérer accéder à la chose même.

Ses yeux devinrent vagues, comme éblouis par un horizon de clarté. Je crus reconnaître cet air hautain à la fois ensommeillé, l'œil pesant et grave qui me rappelait que la peau est ce qu'il y a de plus profond en nous.

Enfin, elle détourna de moi sa tête, comme on met fin à un combat. Son souffle se fit rare, comme s'il venait de plus bas que le bas, un souffle venu du cœur ou du ventre, et non plus de la poitrine. Il s'affûtait comme un rasoir.

Nous ne savons pas vraiment ce qui jaillit dans ce cœur de femme, à l'unisson de l'air, et qui s'inscrit dans mon corps comme une phrase absolue. Nous savons que cette émotion existe. Qu'écrit-elle en moi avec ses gestes? D'où lui vient cette langue, des hommes, des étoiles, des dieux, des vieilles choses humaines, de la langue elle-même, de l'air, du vent, de la nuit, du jour, du soleil ou de la lune? D'où lui vient cet air qui roule dans son nez, me tire des larmes et me fouette?

En me touchant maintenant la tête, puis les épaules et mon abdomen, j'eus la certitude que sa main avait franchi toutes les limites et que toutes les interdictions s'étaient défaites sous la pression de son toucher. Tout mon corps s'était détendu. Le vide de ma tête rejoignait celui de mon corps. J'éprouvai l'ouverture de chaque cellule de mon être comme le cœur aspirant tous les tumultes. Le souffle, dans ma poitrine, se précipitait, tout en moi s'agitait. La nuit était tombée. La lune s'était levée. Il n'y avait plus personne dans cette cour. Je crois que je m'étais endormi comme une feuille, dans son arbre, la main gauche sur mon cœur.

« Contente-toi de vivre et tu vivras content », m'avait répété la femme.

Cette phrase éveilla en moi le souvenir de la longue marche pour venir jusqu'ici. Dans cette forêt équatoriale, la nuit était partout. Elle était au-dehors. Elle était au-dedans de moi. Elle inondait mon intelligence en même temps qu'elle l'énervait. J'avançais ou plutôt je m'enfonçais, je piétinais dans la boue des marécages. Le froid, l'humidité, les moustiques ne m'avaient nullement épargné. Comment avais-je donc accepté un voyage pour une hypothétique rencontre avec quelqu'un dont j'ignorais tout? On peut donc risquer sa vie pour quelque chose dont on n'est pas certain, mais dont les prémices annoncent déjà l'épreuve.

Pour venir jusqu'ici tout s'était ligué contre moi. Je ne croyais plus y arriver, je ne croyais pas, je croyais mal, je croyais à côté sans doute... Je doutais de tout. J'avais payé un guide et des porteurs pour qu'ils m'accompagnent chez les Pygmées. Comme on va à un mariage ou à un sacrifice, il me fallait un sac de sel, une caisse de poisson séché, des dames-jeannes de vin rouge, des cartons de savon, des litres d'huile rouge et des friandises pour les enfants. C'est bien connu, ces gens de petite taille qui vivent de la chasse et de la cueillette n'ont rien, il faut donc tout leur apporter.

Après avoir suivi d'abord d'improbables pistes cacaoyères en 4 × 4 et enduré des heures de route qui ressemblaient à des journées entières, nous avons poursuivi à pied. Une ascension fantastique! La vanité prit possession de moi, la vantardise aussi, j'étais élevé au rang de conquérant, entouré de boys aux égards inusités, assurément, qui me parurent d'autant plus mérités que je me pensais géant. J'aimais cette façon qu'ils avaient de porter en équilibre ces charges sur la tête, j'aimais ces haleines qui dansaient un peu, ces silhouettes qui se faufilaient, puis marchaient et l'herbe qui se couchait à notre passage. L'odeur de chaleur humide croissait avec les heures, s'exaspérait avec le jour.

« J'en reviendrai riche, j'en reviendrai plus riche ou j'y mourrai », me répétais-je. Je frissonnais alors, du même frisson que celui qui gagne les chevaliers qui partent à la quête du Graal. Et sans doute cette phrase, prononcée en moi-même non sans complaisance par un être désireux de vivre la gravité du moment, me poursuivit comme une sombre ritournelle. L'air chargé surprenait mes poumons. L'horloge des pas contrefaisait celle des heures. Le sentiment me venait que nous étions dans les entrailles de la terre. La mort partout rôdait. Moi qui redoutais les serpents et les araignées, j'aurais pu énumérer le bestiaire de tous les reptiles et arachnides que nous avions croisés. Parfois les hommes s'arrêtaient pour boire l'eau d'un ruisseau. Je connaissais les arbres sous lesquels ils mâchonnaient la noix de kola et parlaient, j'entendais leurs voix mais je ne les comprenais pas.

Le guide, un tas d'os fragiles dont la peau était recouverte de tatouages, ne montrait aucune émotion. Je lui avais souvent demandé si on allait bientôt émerger de la forêt, tellement mes jambes étaient devenues flageolantes au fil des heures : « Il y a des chemins lumineux qui conduisent à des clairières de nuit, il y a aussi des chemins noirs qui mènent à la lumière. » Pour moi, il n'y avait aucun doute, la lumière se refusait encore. Ou peut-être ne la voyais-je simplement pas, tellement j'étais étranger à ce monde, étranger à moi-même.

La lumière, on la croit perdue, mais il est possible de la retrouver. Il suffit pour cela de partir à sa recherche et d'aller au bout de soi-même. Et malgré le froid, malgré la douleur qui lacérait mes muscles, malgré la peur, je continuais à marcher, entre les berges des ténèbres. Parfois, sous les toits de feuilles une faible trouée. J'étais à des années-lumière d'imaginer que le cosmos pouvait à ce point s'offrir à moi. L'ailleurs inespéré, au bout du chemin, face à moi, enfin, se devinait.

Je pensais brutalement au passeport et aux billets de banque que j'avais dans les poches et qui prenaient l'humidité. L'envie de renoncer venait. Pourquoi ce chemin s'allongeait-il, quel accueil me serait réservé? Sans doute n'étais-je même pas attendu... Je me laissais aller à cette pensée qui naissait en moi, en dehors de ma volonté et même peut-être de mon esprit, que les Pygmées avaient le pouvoir de rallonger le chemin ou de le rendre impraticable à ceux qui n'étaient pas dignes de l'emprunter.

Malgré les piqûres acerbes de ronces, d'épines ou de l'anophèle, j'avançais dans cette forêt qui s'était refermée sur nous comme un livre, accompagné par le sifflement des coups de machette du guide qui ouvrait le chemin. Je n'avais pas le choix, je m'abandonnais à lui, comme à une onde, une vibration à laquelle je participais. Une vigueur légère guidait mes pas qui s'enfonçaient dans la vase. Je m'étonnais de marcher encore. Avançais-je ou piétinais-je?

Pourquoi mon père m'avait-il conseillé de venir consulter les Pygmées ? Je me livrais à la précarité des hypothèses. Je fis une tentative de m'arracher à cette angoisse en cherchant un refuge dans l'univers des conjonctures. Je pensais aussi à ce que mon père ne m'avait pas dit : quelque insignifiant secret jamais dévoilé, non par pudeur sans doute mais, ce qui revient au même, parce qu'un ancien ne révèle pas tout le chemin à celui qui grandit à le découvrir.

J'en voulais à mon père, je m'en voulais à moi-même de lui avoir obéi au doigt et à l'œil. Ce que je vivais ne possédait aucun nom et d'ailleurs ne pouvait guère en recevoir ; ces instants m'emplissaient comme un vase débordant de colère. Tout était en dedans de moi : l'humidité lourde de la forêt envahie par les cris de bêtes heurtant les troncs moisis. Moi qui ne croyais pas assez en Dieu, à présent je croyais au mal, le sentiment de la faute m'accablait. Si mon père m'avait envoyé là, c'est que j'étais coupable et qu'il fallait expier ma faute. Je ressemblais à ces gens qui erraient dans les sentiers qu'ils ne devaient plus revoir... qui disaient adieu aux fleurs, aux pierres, aux nuages et au vent. C'était plus encore, c'était plus diabolique, plus infernal ; c'était du présent, le présent le plus implacable, le plus horrible, le plus indépassable.

Je faiblissais. Bientôt mon corps se dénouerait, bientôt il renoncerait à son intime cohésion, il coulerait alors, comme des grumeaux agglomérés, il coulerait à pic comme une barque folle. Songeant que peut-être je ne survivrais pas, je tentai de ramasser et de réunir une dernière fois tous mes souvenirs. Je pensais à Épictète, le philosophe boiteux qui m'aurait conseillé ici d'aimer mon destin, *Amor fati*.

« Mourir, c'est apprendre », me disais-je. Il fallait donc que je meure à moi-même, que j'accepte la mort, que j'accepte ma mort. J'avais atteint ce moment où le désespoir nous fait toucher du doigt l'incroyable processus qui fait basculer le tout dans le rien.

S'il s'était trouvé un œil pour voir la honte me transformer en pierre, cet œil pris de pitié se serait lui-même transformé en pierre. J'étais arrivé chez les Pygmées. Pardonnez-moi cette description, mais vous n'allez point me croire. Voici ce qui s'était passé : une réaction contre nature. Mes porteurs avaient déposé mes présents dans la cour. Alors que je m'attendais à un accueil triomphal, je ne fus même pas remercié. Mieux, j'entendis une sentence sans appel : « Nous ne voulons pas de vos cadeaux. » Je m'abandonnai à une main qui me conduisit dans une hutte bricolée, exposée à tous les regards. À ces moments, un chien galeux, un rat d'égout, un insecte, un chemin de pierres escaladant la colline, un caillou couvert de mousse, un citronnier jauni avaient davantage de valeur à mes yeux que moi-même.

Vous avez vu ces hommes et ces femmes, vous avez regardé ces visages nouveaux sous le soleil, surpris ou émus, souriants ou indifférents. Minute après minute, sous ces regards opaques, vous avez écouté, répété crânement que vous étiez de la ville, que vous veniez du monde des Blancs et avez lancé un regard dédaigneux à ces êtres rassemblés là.

Moi qui venais ici en roi ou grand-duc, le doute s'emparait peu à peu de moi, comme une rouille qui ronge tout autour d'elle. L'humiliation aussi. Tous les jugements que l'on émet d'ordinaire sur les Pygmées, à la légère et avec la sûreté d'un somnambule, me parurent si déplacés, si scabreux que je dus chasser de moi ces pensées. Passé le temps d'une irritation compréhensible, que je dissimulai à grand-peine et de manière indigente, je fus envahi d'inquiétude quand j'entendis : « Nous ne nous laisserons pas acheter par des Blancs. »

Mon esprit m'obligea à regarder en moi, autour de moi, comme dans un kaléidoscope à une distance inhabituellement proche, toutes les choses qui étaient liées. De même qu'un médecin peut voir, dans un microscope, un bout de la peau du petit doigt qui ressemble à une rase campagne avec des sillons et des cavités, de même en allait-il à présent de moi avec les Pygmées et leurs agissements. Je ne parvenais plus à les aborder avec le regard simplificateur du préjugé, tout se décomposait à présent en fragments, et ces fragments à leur tour se fragmentaient, rien ne se laissait plus enfermer dans des catégories, ma pensée était en vrac, les mots en moi flottaient, isolés, autour de moi, se figeaient, devenaient des yeux qui me fixaient et que je ne parvenais plus à fixer en retour : tout tourbillonnait. Voilà ce que ces gens étaient devenus. Les regarder me donnait le vertige, ils tournoyaient sans fin comme dans une ronde de nuit, et à travers eux j'atteignais mon propre vide. Je m'interrogeais sur la sentence sans appel. J'étais devenu un Blanc.

Elle m'avait demandé de me pencher et de poser la tête sur la pierre qu'elle tenait dans sa main. Ce geste qui avait le don d'écraser ma raison et de libérer la pulpe du corps, de traquer mes muqueuses, de pomper mes glandes, d'ouvrir mon ventre, et de me disposer à accueillir, à m'accueillir.

— Qu'es-tu venu faire ici ?

— C'est mon père qui m'envoie.

— Pourquoi t'envoie-t-il ?

— Je ne sais pas... Il m'a dit d'aller chez les Pygmées...

— Pourquoi chez les Pygmées ?

— Je ne sais pas...

— Cherche !

— Ben... J'ai beau réfléchir, je ne trouve pas... Mon père parle peu, tu sais, mais je sais qu'il y a une idée cachée derrière chaque mot.

— Cherche... La réponse est en toi. Tu ne la chercherais pas, si tu ne l'avais déjà trouvée.

— Mon père est malade, peut-être m'envoie-t-il pour comprendre la cause de sa maladie.

— Ne t'occupe pas de la maladie de ton père, occupe-toi de la tienne... Retourne dans la case où tu étais enfermé et médite... Revoyons-nous demain.

Il se faisait tard et me voilà remis en quarantaine. Dans cette case nue comme un ongle, il me fallait explorer la piste de l'intérieur où naissait une grande incertitude. Le désir ne tient donc jamais ses promesses. Moi qui étais un pur diamant d'orgueil, en venant ici, mon intention était de juxtaposer les pouvoirs les plus remarquables que j'aurais réussi à arracher aux Pygmées, trop naïfs pour les retenir, à mes connaissances spirituelles relevées au hasard des livres, des lettres ou des conversations. Je voulais y adjoindre de belles sentences et réflexions qui assureraient mon succès. Je voulais. Je voulais bien d'autres choses encore...

La nuit fut longue. Toute ma vie y passait. Je me demandais dans quel ordre me dévoiler à cette féticheuse. J'en voulais surtout à mon père de m'avoir envoyé là pour vivre cette humiliation. J'étais couché dans le néant et les yeux de cette femme me regardaient fixement. Je ne croyais pas que des êtres pouvaient avoir des pouvoirs supraterrestres mais je crois, pour l'avoir vécu, expérimenté, que ce soir-là, à ce moment-là, dans cette occasion-là, cette femme avait la clé de mon existence et je me sentais en état d'empoigner les vérités l'une après l'autre, pour déchiffrer avec son aide, autant qu'elle en pouvait déchiffrer.

J'abandonnai bientôt ce genre de pensées qui ressemblaient à des toiles d'araignée que mon esprit traversait en flèche pour déboucher sur le vide. J'avais lu assez de livres pour savoir que lorsque le désordre s'empare de l'esprit, nos pensées se condensent en une allégorie sublime qui se répand comme un arc-en-ciel au-dessus des champs de l'existence. Pendant que je me battais avec ce vide en moi, la femme revint.

— Toujours avec tes livres. Il faudra un jour quitter le monde des livres pour la vraie vie. Contente-toi de vivre, et tu vivras content.

Comment tenter de dépeindre ces étranges tourments de l'esprit devant cette clairvoyance ? Mon cas, en bref, était celui-ci : je ne savais plus qui j'étais, ce que je faisais là, j'avais perdu pied, j'avais perdu jusqu'à la faculté de réfléchir ou de parler avec cohérence. Impossible de fournir à ma bouche ces mots dont pourtant, d'habitude, je faisais un usage spontané devant ma classe de philosophie. J'éprouvais un malaise inexplicable à l'idée que cette femme lisait en moi comme dans un livre.

— Retiens que la pire chute est le succès, me lança-t-elle avant de se retirer dans ce mouvement qu'ont les branches de manguiers chargées de fruits pour se dresser loin des mains tendues des cueilleurs.

Plus tard, je découvrirai son nom, Tala. Chez les Pygmées, le nom donne à savoir ce qui adviendra de la personne qui le porte, tant au regard de l'avenir que du bonheur ou des épreuves. Tala désigne une réalité infiniment mystérieuse, celle qui place chaque individu au cœur des plaisirs et des peines, du mal et du bien. Tala signifie l'*éveillée, celle qui a les yeux ouverts*. Ses parents l'avaient désignée par ce nom car elle porterait en elle ce que sont toutes les conditions de la vie, le paradis comme l'enfer, la cime comme l'abîme, la félicité comme la souffrance, comme si en elle l'éternité avait comblé toutes les béances.

Le voyageur que j'étais s'exposait sans se montrer. J'essayais d'occuper l'espace le plus réduit qui soit, me tenant dans l'ombre plutôt que dans la lumière, me tassant dans un coin de ma case ou de la courette où je restais campé des heures, comme si j'avais compris qu'il fallait que j'économise mes mouvements. Je savais qu'avant moi beaucoup avaient échoué dans leur entreprise en venant chez les Pygmées, en raison de leur impatience. Je m'étais exercé à cesser de m'agiter, à retenir mon souffle, à apprivoiser les pulsions instinctives de mes mains et de mes pieds.

Pour calmer l'agitation de mon cœur, je m'étais abandonné à des rêveries, à des considérations étranges, associant le nom Tala à des croyances magiques portant sur la nature du monde. Je savais que nul ne pouvait rien contre son nom, car il obéissait à des combinaisons inexplicables, celles qui mêlent le désir du père à celui de la mère, mais aussi aux prescriptions des morts qui suggèrent aux vivants un ordre des événements et une attitude particulière dans la conduite de leur vie.

— As-tu réfléchi à ton nom ?

— Je ne l'ai jamais fait.

— Réfléchis-y car le nom de quelqu'un est une réalité infiniment mystérieuse. Elle est une œuvre de la nature elle-même qui place chacun dans le plateau de la balance des joies et des peines, du bien et du mal. Personne ne peut quoi que ce soit contre son nom.

Pendant qu'elle me parlait, je ne dis pas un mot, restai immobile, secouant doucement la poussière qui collait à mes pieds nus. Me remonta à la mémoire un vieux souvenir rapporté par mon père à propos de notre nom. EPHA provenait d'une vieille tradition biblique de l'Ancien Testament. Les pains du désert étaient pesés en « EPHA » et en « Omer ». Il s'agissait donc d'une unité de poids. J'en déduisais des linéaments confus mais inéluctables de ma destinée. Grâce à Tala qui ne savait même pas lire, je me rappelais cette période de mon enfance où je m'étais confronté à une question insolite, celle de l'origine de mon nom, pour laquelle mon père lui-même n'avait pu m'apporter de réponse claire. Je m'inquiétais du sens dont EPHA était chargé et me demandais ce qui pourrait en découler pour l'avenir de ma tribu.

À présent, je sais que porter un nom appelle, en soi, un ordre des événements et une attitude particulière dans la conduite de la vie. EPHA infusait à mon âme la chance d'une destinée prestigieuse, dans la fidélité à la juste mesure. Mais, depuis que j'étais arrivé ici, quelque chose s'était produit, et, au regard renouvelé que je commençais à porter sur moi-même, il n'était pas certain que ce nom scelle en moi, dans l'obscurité d'une vie qui s'ouvrait, la part irraisonnée et presque animale que m'avait cachée mon clan.

Certes, j'avais hérité de ce nom, la cérémonie du don me l'avait imprimé en l'âme de façon indélébile. Il m'était devenu impossible de revenir en arrière, d'autant que le nom propre est par essence ce que l'on ne choisit pas. Unité de poids. Balance. Ces mots trottaient dans ma tête, j'interrogeais scrupuleusement mon cœur et une idée plus forte que les autres avait fini par jaillir de ma tension intérieure pour m'éclairer : EPHA pouvait donc aussi signifier « offrande », à l'image de ce qui s'exhibe sur le plateau de la balance.

Rien d'étonnant si mon père, qui m'avait choisi comme son aîné, n'avait cessé de charger ma hotte en me rappelant que toute ma vie ne devait qu'être offrande. Combien de fois avais-je supplié Dieu, chaque fois que je passais devant un oratoire, de changer ce nom inscrit en moi et de m'en accorder un autre, lui qui avait été capable d'immobiliser le Soleil au bout du bras de Josué et qui avait permis d'ouvrir la mer Rouge ? Assurément, rien n'y faisait.

Tandis que je m'évertuais à élever mon discours vers le ciel, Tala, elle, parlait de la terre. Sa parole me faisait entrer dans un ordre simple et délicat en harmonie avec les petites choses de ce bas-monde. Je comprenais enfin cette sagesse, je ne sais plus de qui elle est : les hommes parlent du ciel et Dieu parle de la terre. La parole de la féticheuse entrait au-dedans de moi, sans effraction, comme la trompette du premier jour.

J'avais compris que l'enfant que j'avais été marchait toujours à côté de moi, comme on vit dans la familiarité sensible de son ange gardien. L'enseignement que je découvrais n'était pas de simples idées, des abstractions spirituelles, c'était même beaucoup plus que des images de songe : Tala était un être de chair, de sang, qui parfois devenait comme un oracle invisible mais présent au monde, avec qui je me trouvais dans une étonnante familiarité, dans un état constant de dialogue.

Et puis il y eut cette nuit où elle me fit sortir sur le pas de la case pour m'expliquer que dans le ciel, certaines étoiles avaient envoyé leur lumière depuis des millions d'années et qu'elles étaient probablement déjà mortes. Je m'étonnais qu'elle puisse être attentive à ces détails dont un œil ordinaire se détourne avec une indifférence évidente et qui n'intéressaient vraiment que la communauté scientifique. Quelle était donc cette femme mystérieuse ?

Elle poursuivit :

— Les étoiles ressemblent au semeur qui sait qu'il ne récoltera pas toujours ce qu'il a semé.

Elle m'apprenait la patience, la persévérance, le temps, la durée, l'éternité, m'invitant à trouver ma juste place dans le cosmos. Je comprenais bien ces mots, j'entendais leur rapport merveilleux surgir et jouer dans mes oreilles, comme le bruit de magnifiques ruisseaux se faufilant entre les pierres. Je me fis l'effet de quelqu'un à qui on montrait les beautés de la terre et qui était dépourvu d'yeux pour les voir.

— Ta tête est coupée du reste de ton corps. Tu ressembles à un instrument de musique désaccordé. Mais, si tu me fais confiance, on pourra peut-être parvenir à retrouver la note juste. Pour cela, il faudra d'abord te débarrasser de ta carapace, ensuite, de ta peau, que ta chair pourrisse, que les écailles de tes yeux tombent, que tes os se disloquent et ensuite seulement les esprits feront le reste. Ils rassembleront tout ton être, mais cela ne sera possible que si tu en fais la demande. Mais je te préviens, celui qui demande ne reçoit pas toujours. C'est un risque à prendre. C'est un acte de confiance. Si le feu ne brûle un champ, il ne peut être fertile. Si tu ne prends pas le risque de mourir, tu ne peux véritablement prendre goût à la vie. Dans ta vie, tu n'as fait que courir, parce qu'on t'a demandé de te dépêcher.

« Ici, tu prendras le temps de pourrir et de mourir. Tu apprendras à ne pas aller trop vite, car le tonnerre frappe toujours ceux qui veulent aller plus vite que le temps. Il ne faudra pas rater l'instant, celui où une goutte tombera du ciel, te fécondera et lentement te fera renaître. Mais de même qu'on ne donne pas des taros à un nouveau-né, de même tu feras attention à ne pas continuer à picorer à tort et à travers car tu risquerais de t'empoisonner. Ce n'est pas moi qui donne, ce sont les esprits. Mais si tu restes sourd à ce qui t'est donné, tout te sera retiré.

« Tout se passe par la parole. C'est elle qui tue et c'est elle qui guérit.

Je me rendais compte, avec une conscience aiguë, que le temps pressait pour moi, que les grands secrets de la nature m'avaient échappé, que l'enfant qui marchait à côté de moi avait parfois du mal à reconnaître son double. J'étais angoissé. J'avais cru avoir atteint le sommet d'un accord entre moi-même et une vie pleinement consentie, et voici que l'oracle parlait et que tout était désormais réduit en poussière...

Ces mots étaient une menace, comme la pointe d'une lance acérée cherche le cœur, mais au moment où ces paroles m'atteignirent, elles se transformèrent en une plénitude presque insupportable.

— Que restera-t-il de moi si tout a pourri et si mes os se sont dispersés?

— Réfléchis... Imagine un fruit dont la peau et la chair sont pourries, que lui reste-t-il?

Je ne savais plus rien dire. Les mots avaient dans ma bouche un goût de champignon moisi. Je ne pouvais pas davantage expliquer au moyen de paroles ce qui restait d'une pomme pourrie, à part la pourriture elle-même.

— Je ne vois vraiment pas ce qui peut rester... Ce que je vois de mes yeux de chair c'est ce que je peux toucher et sentir. S'il n'y a plus rien, il ne reste qu'une enveloppe vide, une illusion désorganisée.

— Mais ne vois-tu pas venir? Ouvre les yeux!

— Ben, il reste peut-être la vie arrêtée dans son élan, comme la peau tombe d'un fruit, une vie rompue dans ses puissances ordinaires... Donc j'imagine que quelque chose est mort, presque tout ce que l'on appelle ordinairement la vie.

— Mais de quoi parles-tu ?

Tala sourit, de son sourire énigmatique et secret. Et mon être entier fut secoué de honte dans ses assises les plus obscures. Il me resta, des années encore, le souvenir de cet instant de grelottement inédit qui me posséda l'espace d'un instant, entier et longtemps ; je ne sais combien de temps. Ce sourire agita tous les éléments soudain disjoints de mon corps, mes muscles, mes nerfs, mes os, mes ligaments, mes jointures, mes ceintures, mes membres, mes viscères. Je réalisai combien devaient être malheureux les amis de Socrate lorsqu'il les abordait avec ce sourire si simple qui mettait à nu. Tout mon être était comme pulvérisé de l'intérieur par la poussée monstrueuse de la honte, il s'éparpillait hors et loin de moi-même comme dans une cavalcade sans ordre et complètement hystérique. Repenser aujourd'hui à cette suite d'instants m'est difficile, tellement je me trouvais atomisé, éparpillé, sans lien, sans raccord, sans rapport, sans support, car je n'existais plus.

Le processus était en marche. J'étais le fruit qui pourrissait, j'étais devenu une réalité parcellaire devant cette femme et j'avais perdu toute envie de parler.

Je levai les yeux vers Tala. La féticheuse me regarda et dit :

— Dans ton flot de paroles, tu as oublié l'essentiel : il reste les pépins.

— Les pépins ? Quel rapport avec moi ?

En donnant cette réponse, je prenais conscience de mon ignorance crasse. Moi qui pourtant avais lu tous les livres, j'avais l'impression que mon corps était devenu animal, que cet animal avait les caractères chiffrés que la féticheuse pouvait décrypter.

Quatre heures du matin. Tala avait envoyé trois petits garçons qui m'avaient gentiment fait comprendre que je devais abandonner mes chaussures pour les suivre. Un chien galeux et fou nous accompagnait. Le guide, c'était lui. Les enfants le suivaient et je suivais les enfants, dans le fortuit et l'aléatoire. En nous éloignant des huttes, on s'était rapidement trouvés dans le no man's land sinistre et sordide des marécages. J'éprouvai, au fond de ma solitude, une grande inquiétude qui me poignait à mesure que j'avançais. La course du chien était de plus en plus désordonnée et erratique, une grande panique m'étreignait le cœur et un sentiment d'angoisse me gagna, l'angoisse d'exister, celle d'avoir commis un péché. Je saisis, dans la laideur ambiante, un halo de sens qui était pour moi un signe de reconnaissance. Je pensai soudain à Kant qui aimait marcher dans les jardins de Königsberg, à Rousseau, tout jeune, et qui allait à pied d'Annecy à Turin, de Paris aux Charmettes, à Nietzsche dans les hautes montagnes de L'Engadine. Sauf qu'eux marchaient, et moi je courais je ne sais trop où...

En me confiant ces enfants, je me demandais ce que voulait Tala. Elle pensait sans doute que j'avais besoin de marcher, non seulement pour entendre mon mal mais, plus encore, afin de rendre plus aigu le sentiment de mon désordre intérieur. À ce moment-là, alors que l'engourdissement intellectuel m'étreignait, j'aurais aimé m'ouvrir à elle entièrement, mais je ne savais comment m'y prendre ni quoi lui dire. Je savais que j'étais encore le même qui était arrivé la veille, que rien n'avait changé, que je titubais encore dans mon faste verbal. J'espérais avancer – mais vers quoi et pour aller où ? Et avais-je pu, si toutefois c'était moi, perdre si totalement le sens commun au point de suivre ces enfants sans savoir où j'allais ?

Ils coururent pendant des heures à contempler les plantes, les insectes, les oiseaux dans le ciel. Je crus reconnaître un aigle. Nous avions déjà beaucoup marché et le jour commençait à décliner avec une douce et lente grisaille infuse. Je transpirais et mes vêtements étaient alourdis d'une humidité malsaine et malodorante, comme la sueur des choses accablées, abandonnées, promises à la destruction. Je me sentais lourd, très lourd. Je me disais que je devenais enfin digne de ce nom EPHA qui désignait le poids des choses. Je sentais le monde peser en moi.

Tout à coup, alors que la désolation me renvoyait à l'image très cachée de mon âme au plus bas d'elle-même, nous émergeâmes de la forêt comme par miracle.

Le lendemain les enfants étaient revenus, accompagnés du chien galeux. Je n'étais pas encore sorti des chemins où j'avais erré la veille et essayais encore de leur donner sens dans ma mémoire, ce que certains auraient appelé réfléchir, qu'ils m'invitaient déjà à les suivre. J'avais passé ma vie dans la plus grande rigueur jésuite à essayer de comprendre tout ce que je vivais, je n'étais toujours pas prêt à m'avouer vaincu, mais j'étais quelque peu désarçonné par la ténacité du mystère sur lequel se construisait mon séjour et dont le caractère énigmatique ruinait tous mes efforts d'élucidation.

En traversant la grande cour du campement, j'avais entendu ces gens qui parlaient abondamment et fort, il y avait en eux une part de détresse et de misère, ce qui me rassurait. Certains étaient en costume-cravate, je les imaginais hommes d'affaires ou ministres, on y voyait aussi des mendiants, des estropiés, des idiots, des aveugles, tous venaient ici demander la guérison ou le succès dans les affaires. Leur seule vue soulevait dans mon cœur un sentiment indéfinissable où se répondaient crainte et pitié.

Après avoir piétiné dans la vase, comme si cela ne suffisait pas, aujourd'hui, c'est le vent qui s'en mêlait. Un vent terrible qui faisait entendre la voix geignarde des branchages, comme une ritournelle absurde et désespérée. On aurait dit que ce vent, colère personnifiée et radoteuse de la nature, créait le vide autour de nous, cercle imaginaire et cependant réel que personne ne franchissait, les petits Pygmées, bien sûr, pas plus que moi. Comment repousser loin de moi cette citation de *La tempête* de Shakespeare, qui se tenait en suspens au-dessus de ma mémoire : « L'enfer est vide, tous les démons sont ici » ?

Mon cœur s'arrêtait presque de battre en voyant ces arbres osciller comme s'ils allaient incessamment s'abattre sur nous. Je m'interrogeais sur ce vent, sur ce chien, sur ces enfants mêmes. Avaient-ils quelque chose à me rappeler ou à me faire comprendre ? Avaient-ils à me laisser entendre que moi je ne passerais pas inaperçu, que l'on m'avait à l'œil et que je ne valais pas plus, en dépit de ma mine intelligente, que l'un des paquets que j'avais apportés et dont personne ne voulait ?

Ces rafales laissaient flotter autour d'elles l'idée d'être des justiciers et des exécuteurs. En mon for intérieur, je formulai un vœu : si un tronc se jetait en travers du chemin pour nous barrer la route, cela s'annoncerait de mauvais augure, comme pour signifier que mes issues étaient bouchées, que mon âme était à jamais perdue et que je repartirais d'ici détrempé comme une limace et répugnant comme un cloporte.

C'était la loi des séries en somme. Les enfants m'avaient fait signe au matin du troisième jour. Il faisait chaud, si terriblement chaud que la forêt semblait en flammes. Au-dessus de nos têtes, j'avais la certitude d'avoir vu brûler des arbres que la foudre avait frappés. C'était en plein jour de saison de pluie. Enfin, je le crois, car j'avais un peu perdu la notion du temps.

Spectacle saisissant que cette ardente auréole, conjonction de la terre, du ciel et de l'enfer, me disais-je. Cet embrasement dont je gardais le souvenir était d'un autre ordre, plus familier que celui dont parle le Livre saint dans l'épisode du Buisson ardent, plus ordinaire, mais combien dévorant. Je suivis l'essor de ce feu dès quatre heures du matin. Les enfants parlaient entre eux avec abondance et émotion. Je me sentais définitivement à l'écart.

Quand nous passions près d'un arbre, j'étais certain qu'il s'enflammerait à mon simple contact, comme si j'étais la cause de ces flammes orangées qui tournoyaient au-dessus de nos têtes. Le chien était indifférent à tout et continuait à nous mener hors des sentiers battus. J'avais fini par oublier le temps qui passait, je contrôlais mon souffle, je ne brûlais pas moi-même, je n'étais pas brûlé non plus, mais il était évident que tout ce qui m'approchait allait s'enflammer. Comme si je devenais moi-même feu, à force d'attention, je m'assimilais à son ardeur, mon corps entier était le foyer d'un embrasement sans précédent.

J'avançais comme lesté du douloureux consentement à ce qui allait venir, suivant les enfants et le chien dans leurs improbables pérégrinations qui évitaient les sentiers tracés pour se faufiler sous le couvert, où nos visages frôlaient les branches basses. L'exubérante vigueur de ce peuple si terrestre, si gorgé du suc de la terre me frappait comme me frappait aussi leur petite taille que nul sculpteur n'avait pu imaginer ni modeler. Aux côtés de ces êtres touchés par le ciel, j'étais un intrus, une anomalie. J'avais presque fini par oublier cette boule de feu que tout être qui respire retient dans sa poitrine, je marchais désormais dans un soleil vif qui animait la forêt, comme si le prisme de ces flammes, par extraordinaire, était maintenant composé des orangés, de toutes les nuances du jaune, du plus clair, du plus imbibé de transparence dorée au plus mat.

À notre retour, je vécus un sentiment d'une délivrance presque puérile. Un tronc pourri, une boîte rouillée abandonnée par les visiteurs, le chien galeux qui nous accompagnait, un baobab tenant lieu de cimetière, une houe à l'abandon, un infirme croisé sur le chemin, tout cela devenait comme le réceptacle de ma mue intérieure. Chaque détail, chaque objet, chaque chose dont l'œil ordinaire se détourne devenait une partie d'un tout, m'émouvait presque, au point que tous les mots pour dire mon émotion étaient devenus inutiles.

Ce vendredi à quatre heures du matin Tala m'avait invité à m'allonger face contre terre, le front contre une pierre. J'insiste sur ce point aujourd'hui car, par ce geste, un silence absolu me liait à la petite chose dure sur laquelle reposait mon front. Déjà alors, pour ainsi dire, à l'instant, j'avais à peu près renoncé à la parole, moi qui aimais tellement parler.

Elle m'expliqua alors que j'étais né un vendredi à quatre heures de l'après-midi. Cette précision me laissa coi et ce, pour une unique raison, d'une bizarrerie d'autant plus pénible qu'elle ne correspondait pas aux domaines physique et spirituel auxquels j'étais habitué. Lisait-elle déjà en moi comme dans un livre ?

Son visage semblait auréolé et ses grands yeux noirs, brûlants et caressants, portaient une présence qui fascinait et envoûtait, m'empêchant presque de parler.

— Qu'as-tu vu pendant les trois jours où tu étais dans la forêt avec les enfants et le chien ?

— Les deux premiers jours, je n'ai pas vu grand-chose, il faisait mauvais et mon esprit était encombré de questions. J'étais gêné par la pluie, le vent et ce feu à la cime des arbres.

— Qu'as-tu vu ?

J'avais envie d'éclater en paroles, dont je savais, si je les avais trouvées, qu'elles auraient terrassé les intuitions de cette féticheuse auxquelles je ne croyais pas.

Le silence entre nous devenait pesant. Imperturbable, Tala remuait son chasse-mouches devant son visage, les colliers d'amulettes en os d'oiseau bringuebalaient à ses oreilles.

Mon esprit m'obligea à repasser devant mes yeux le souvenir des promenades :

— Oh ! Si, je vois ! Je me souviens d'un aigle que les enfants regardaient planer haut dans le ciel. Il y avait aussi ces arbres qui se tordaient étrangement à mon passage, au point que j'avais l'impression qu'ils allaient prendre feu à mon contact. Je me rappelle aussi que le chien avait levé une couvée de cailles apeurées, au-dessus d'une ondulation de labours. Alors que nous traversions la rivière, j'ai vu un scarabée allant d'un bord à l'autre de la surface de cette eau sombre.

— En fait, tu n'as rien vu... Pour voir, il faut d'abord se laisser derrière soi...

— Je ne comprends pas. Que signifie cela ?

— Il faut que tu apprennes à laisser les vanités et les futilités, les frivolités et les chimères, les duperies et les puérilités. Tu comprends maintenant pourquoi nous t'avons demandé de reprendre les provisions que tu avais apportées, car elles sont le signe que tu es encore bien lourd et bien encombré. Pour être digne de ton nom, il faut que tu apprennes à t'alléger, à entrer dans un temps intérieur, qui est le temps essentiel. Tu ne dois pas te diluer dans les distractions et les bavardages. Un homme accompli est léger et non point lourd. Tu confonds encore l'essentiel avec l'accessoire. Tu nous as apporté l'accessoire, alors que nous vivons de l'essentiel. Tu comprendras bientôt que celui qui s'est allégé ne considère pas que le temps est mauvais ou même qu'il est beau. Ce sont là les considérations de ceux qui ont l'esprit encombré et qui passent leur vie à se poser des problèmes à l'endroit où il n'y en a pas. Le temps n'est ni beau ni mauvais, il est ce qu'il est. Il est ce que tu en fais.

Les mots de Tala roulaient dans ma tête, s'enfonçaient dans mon âme et agitaient mon esprit. J'étais comme un fleuve bouillonnant et tumultueux.

— Tu ne penses pour l'instant qu'avec ta tête, il faut apprendre à penser avec tout ton corps, ainsi tu pourras entrer dans un rapport nouveau, mystérieux, avec toute l'existence.

— Mais que dois-je faire ? Je me sens si démuni...

— Il faut que tu apprennes à te mettre sur ton propre chemin ; tu en es encore loin. Mais si tu veux, je pourrai t'aider.

De gratitude, je pris mon téléphone pour prendre une photo et immortaliser ce moment. Elle me retint la main :

— Tu n'as donc rien compris ! Tu regardes sans voir et tu parles sans comprendre. Et maintenant tu as ce geste déplacé de faire une photo.

— Oh ! Pardon, je ne veux pas voler ton âme.

— Il ne s'agit pas de cela. Tu n'as donc toujours rien compris. Tu as tout perdu jusqu'à la simplicité du regard. Tu as besoin d'un écran entre toi et le monde. Tu t'éloignes de toi, tu t'éloignes du monde. Tes yeux regardent mais ne savent plus toucher du regard. À présent, tu veux faire des photos pour mieux t'éloigner du présent, pour mieux t'absenter des choses. Chez vous, là-bas, tout se filme mais cela ne fait qu'exhiber votre indifférence au monde. Vous êtes éloignés de tout, y compris de vous-mêmes, et les photos vous donnent l'illusion d'être encore présents aux choses.

Un silence s'était glissé entre nous. J'avais le sentiment que Tala justifiait tous les gestes que je faisais, tous mes mouvements, toutes les positions prises par mon corps. Les paroles de plus en plus rares qu'elle proférait étaient souvent plus que des mots, des ébauches de quelque chose de plus singulier et de plus précieux.

Je ne pourrais pas expliquer en quoi consistait ce silence qui nous traversait de part en part, le monde entier et moi, dans quelque chose comme un flottement suspendu. Je ne pourrais pas expliquer comment ce silence même m'était devenu sensible, tellement, pour la première fois, j'étais devenu capable d'entendre le moindre mouvement de mes entrailles ou même les battements de mon sang.

Ce qui se préparait n'était pas un rite ordinaire. On m'avait donné à manger, du porc, je crois, alors que dans ma famille animiste il était interdit d'en consommer.

« Et pourquoi pas, m'étais-je dit? Au point où j'en suis... » Et à la façon vive et froide d'un lézard, je plongeai mes doigts dans le plat que l'on m'avait proposé et qui sentait la crasse, et qui sentait le gras. Passé l'écœurement, quelque chose advenait en moi, quelque chose de proprement physique, qui se voyait sur le grain de ma peau, en surface, quelque chose comme des taches d'une maladie qui venait peupler le clair de chair de mes productions intimes.

Je transpirais abondamment. J'étais assis sur le sol de terre battue, devant la porte close de la hutte. Des gens de petite taille dansaient devant moi, leurs pieds nus battaient le sol avec plus ou moins de tendresse et de violence, d'application ou de provocation, soulevant la poussière dans des mimiques effrénées. Il était inutile d'y prêter attention, occupé que j'étais à avaler sans couverts des morceaux brûlants et graisseux.

On aurait dit que tous ces gens qui passaient ne le faisaient que parce que j'étais là, personne n'entrait jamais dans la case, personne ne poussait la porte, personne ne s'arrêtait. Ma valeur manifestement ne les occupait guère, mieux je n'étais qu'un paillasson sur lequel ils se défoulaient. Mon être entier de paillasson aspirait à la quiétude. Je regardais de tous côtés, j'avais envie de me lever, de m'asseoir, de soulager mon ventre et ma gorge derrière la masure, mais entouré comme j'étais, il m'était difficile de m'éclipser.

Quand le tumulte en moi se fut apaisé, et que je pus recommencer à mieux voir, à mieux entendre, et aussi à mieux respirer, je réalisai que j'étais à nouveau seul et que, hors les gargouillements, les spasmes, les rots et les pets, rien ne sortait de moi. Curieusement, j'avais même arrêté de transpirer, j'étais sec comme un caillou.

Je me rendis compte, un peu tard, que j'avais avalé toute la marmite. À côté de moi, un homme s'était installé. Ici, on les appelle les fous, car il était nu et son corps était couvert de cendres. Il avait une calebasse remplie de couenne de porc. J'étais éteint, rendu à une indistinction antérieure à ma naissance. Le seul bruit était celui de l'homme qui mangeait goulûment et dont la fringale n'avait pas failli. Ce moment tout à fait charnel avait toute l'exigence d'une ascèse et toute la lenteur hors du temps d'une mise à l'épreuve. Je me disais que cela n'était que prélude et préliminaires d'un moment sans nom qui me disposait à me décomposer lentement à l'intérieur de moi-même, comme cette pierre que Tala posait sur mon front et qui avait le pouvoir de détruire le voile qui me coupait de la lumière de la connaissance.

— Es-tu prêt à entendre ?

J'hésitai. Au point où j'en étais, je finis par lancer :

— Oui...

— Sais-tu lire ?

— Oui, je crois. J'étais un enfant qui ne savait pas lire et les sœurs missionnaires qui m'élevaient avaient entrepris de me lire les livres à haute voix. Le premier livre, je crois, était *Madame Bovary*, que je savais par cœur avant même de maîtriser la lecture. Je suis même tombé amoureux d'Emma, que j'avais longtemps considérée comme la plus belle femme du monde. Quel âge pouvais-je avoir, sept ans, huit ans peut-être... Et quand je sus lire, j'avalai les livres les uns après les autres, m'identifiant à tous les personnages qui devinrent autant de compagnons de jeux. Jacques, dans *L'enfant* de Jules Vallès, Don Quichotte, Poil de Carotte...

Tala sourit.

— C'est beau tout ce que tu dis, mais ce n'est pas ce que je te demande. Tu sais lire les livres, certes, mais tu ne sais pas lire. Es-tu prêt à entendre ?

— Oui.

— Lire, ce n'est pas avaler des tonnes de livres, c'est apprendre à quitter le monde des apparences, en laissant derrière soi le rôle qu'on y jouait. Lire, c'est se lire. Chaque mot est une vie. Chaque lettre garde la vie, les lettres ne sont pas que dans les livres... Moi, je ne sais pas lire les livres, je ne suis pas allée à l'école. Les lettres, ce sont une goutte d'eau, un brin de laine, la vase à tes pieds, le vent à ton nez, les nuages au-dessus de ta tête, la salive dans ta bouche, la sueur qui suinte de ta peau, le sang qui coule de tes veines, les larmes qui sortent des yeux de ton voisin, le poil que perd ton chat, le récipient dans lequel tu puises de l'eau. Lire est une transfusion qui va de la forme de ta calebasse à une autre forme, c'est un acte généreux, car la calebasse pleine doit se déverser dans la plus vide, grâce à une tige de bambou. Lire, c'est comme dans le labour, retourner la terre, c'est écrire sur la terre ; et en retour, la terre s'écrit en nous.

« Tu as lu mais tu n'as rien appris sur toi-même. Chacun de nous est héritier d'une longue tradition qu'il ne connaît pas. Rien n'impliquait que nous nous rencontrions un jour et pourtant, c'était écrit. Vivre, c'est apprendre à lire ce qui est écrit. Lire est un fil d'or entre toi et moi qui met au jour une vérité partageable. Chaque vie est déjà écrite, nous n'inventons rien, nous apprenons à lire notre vie. Sais-tu pourquoi je t'ai envoyé dans la forêt ?

— J'imagine que c'était pour lire...

— Qu'as-tu lu ?

— Euh ! Je ne sais plus...

— Ne pas savoir lire, c'est comme tremper sa langue dans ce qu'il ne faut pas. La forêt où tu as été est l'endroit où on lit. On y fait encore plus que lire. On y apprend à reconnaître les feuilles envolées, les carapaces des insectes, les plumes tombées des ailes des oiseaux, mais on y apprend surtout l'humilité. Lorsque tu as couru dans la forêt, tu as adopté le point de vue du vent, de l'eau, de l'humidité, du chaud et du froid, et même de l'ombre.

— Oui, la forêt, c'est aussi la métaphore de l'écriture

même. On y traque le gibier comme autant de signes à décrypter...

— Je ne sais pas ce que tu entends par métaphore. Tu n'as toujours pas compris que c'est toi le gibier ! Les livres sont dans ta tête et pas dans ton corps. La forêt est partout, elle est en toi. Il faut que tu apprennes à déchirer les livres après les avoir appris par cœur. Il faut les avaler sur-le-champ, tout rond, lettre après lettre. Alors ils descendront de ta tête dans ton corps. Il faut que les livres vivent en toi.

— Ah ! Je ne sais plus quel poète a dit : "La chair est triste, hélas ! et j'ai lu tous les livres..." Les livres sont précieux, on ne peut quand même pas les déchirer, encore moins les avaler...

— Tu as des oreilles et tu n'entends pas. Tu as des yeux et tu ne vois pas, tellement ils sont encore pleins d'écailles qui refusent de tomber. Tu es un prédateur en train d'être dévoré.

Mes yeux étaient fixés dans une angoisse indicible. Mon visage était réprobateur. J'avais mangé du porc. Et en même temps, alors qu'elle n'avait rien dit, j'entendais la voix de Tala qui me provoquait au fond de moi-même avec ces mots de la sainte parole : *Ce n'est pas ce qui rentre dans la bouche qui est mauvais, mais ce qui en sort.*

Je ne comprenais pas le sens de cette sentence qui rejoignait ma voix la plus intérieure et me jetait à genoux, me prosternait longtemps, le front contre une pierre posée au sol, en murmurant à longueur de souffle : *Pitié, aide-moi à comprendre !*

À partir de cet instant la pensée de Tala vint me visiter de plus en plus fréquemment et avec une insistance toujours croissante. Elle bousculait mes certitudes et me poussait dans mes retranchements. Elle émergeait, se dissolvait, se recomposait en se mêlant à la couleur du temps, avec une netteté presque tangible, me saisissait au milieu de mes questionnements. Je dirais mieux : elle me vidait de mes pensées. Ils demeureront en moi, ces mots : « Ce n'est pas ma parole qui te permet de comprendre, mais le chant secret qui est en toi. »

Plus tard, elle reprit :

— Sais-tu qui était à côté de toi lorsque tu as mangé du porc ?

— Euh ! Il y avait un fou, je crois... Un type qui n'avait pas toute sa tête… À un moment, il a fait des approches partielles, des tentatives pour me parler. Mais cela ne m'intéressait pas, j'ai fixé un point quelconque dans la pièce pour ne pas avoir à être embêté par lui.

— Sais-tu qui était à côté de toi ?

Et là je pris peur, mon cœur se mit à battre. Une pensée juive me traversa. Je me demandais si ce n'était pas Élie qui m'avait visité à travers cet homme…

Tala m'avait pourtant dit qu'il ne fallait rien négliger dans ma vie. Je me demandais si finalement je n'étais pas passé à côté de Dieu qui me parlait et auquel j'étais resté sourd.

Je me disais encore que si Dieu devait avoir une forme, elle n'aurait été que vague enveloppe, comme ce type nu, défroque anonyme, réalité si proche de n'être rien, qu'aucun regard ne pouvait tout à fait le reconnaître.

— **À** force de passer ton temps dans les livres tu as oublié comment t'engager dans la forêt. À présent, tu es incapable de gagner le ruisseau qui coule sous tes yeux, tellement tu es vide. Il te faudra réapprendre à naître à toi-même. Naître, c'est apprendre. Apprends donc à te perdre dans la forêt. Tu as fait trois voyages. Sais-tu pourquoi ?

— Le trois est le chiffre des pythagoriciens qui forme le triangle. C'est aussi un chiffre symbolique dans beaucoup de religions, le judaïsme, le bouddhisme, le christianisme.

— Et toi, qu'est-ce que tu en dis ? Tu me répètes sans cesse ce qui est déjà écrit dans les livres et qui reste dans ta tête. Et toi, qu'en penses-tu ? S'ils ont écrit, c'est pour que tu apprennes non seulement à lire mais aussi à écrire à ton tour. N'oublie pas que le disciple est appelé à dépasser le maître, comme le chien doit dépasser le chasseur, tout comme le cerf qui est chassé doit être supérieur au chien qui le pourchasse. Et toi, tu te contentes d'être comme un oiseau qui répète les sons qu'il a entendus sans les comprendre. Tu es comme un cadavre parmi les cadavres. Il va falloir que tu reviennes à la vie.

Il n'y avait rien à faire que d'attendre que ça passe. Tout me tombait dessus comme un orage. La honte me faisait grelotter. En moi, il ne restait presque rien, et le peu qui restait ne ressemblait plus à lui-même, ni rien à rien. Les mots qui sortaient de la bouche de Tala étaient semblables à une lumière qui tombe du ciel, qui enveloppe les yeux d'une telle clarté que le cavalier qui bombait le torse sur sa monture d'orgueil ne peut que tomber. Comme lors des crises extatiques, au terme d'une transe, mon corps tomba à la renverse. J'étais étendu par terre, sur le dos. Et dire que j'avais passé toutes ces années à lire, à étudier et même à enseigner et je me demandais ce que j'avais bien pu transmettre aux jeunes adultes dont j'avais la charge. Je tombais de haut. Je tombais de très haut.

— Relève-toi, sors de tes livres et écoute-moi. Demande et tu recevras car si on ne demande pas, on ne reçoit pas. Demander, c'est se mettre en ordre pour accueillir. Tu es terre, tu es souffle et tu es feu, mais ces trois éléments en toi ne sont pas accordés. Ils sont tellement dispersés que chacun est l'ennemi de l'autre. La terre est l'ennemie du souffle qui est l'ennemi du feu qui lui-même est l'ennemi de la terre. Si tu meurs avant de mourir, tu ne mourras pas quand tu mourras. Ouvre donc les yeux pour entrer dans ta propre nuit les yeux ouverts. Et surtout apprends à te taire, tu parles trop.

Le retour auprès de mes élèves au bout de sept jours se passa sans histoires. Les superstitieux ou les gens de foi diront que ce séjour fut porté par la main du Très-Haut lui-même qui se plaît à humilier les forts, ceux qui s'imaginent qu'ils sont les maîtres d'eux-mêmes parce qu'ils sont plus forts que les autres.

De ma vie de professeur de philosophie je n'avais jamais noté au-dessus de 12 sur 20. Il faut bien le dire, je croyais qu'un enseignant exigeant devait sanctionner les devoirs médiocres par une note inférieure à la moyenne. Afficher un esprit brillant, une culture volontiers complaisante ou pédantesque était ce qui comptait surtout à mes yeux ; peut-être affectais-je même une expérience que je n'avais pas. La note était une arme de pouvoir, une arme non pas même de l'intelligence, mais de la facilité.

Et mes meilleurs élèves m'entouraient comme une cour, riaient de mes mots d'esprit, m'admiraient parce que je savais par cœur et citais volontiers pendant de longues minutes les philosophes grecs dans le texte, parce que j'avais lu et pouvais restituer sans omettre une virgule des passages entiers de Heidegger ou de Spinoza, parce que je faisais circuler comme des mantras, jusqu'à en abuser, des citations que je leur demandais d'apprendre par cœur et de réciter devant la classe.

Je ne supportais pas un élève qui négligeait l'orthographe car les mots étaient tout ; ils étaient ce qui pouvait appeler à une nouvelle existence les choses vues et entendues et, selon les lois inspirées, les mots pouvaient donner l'illusion d'un monde en mouvement.

Je ne crois pas jusqu'ici avoir été aimé de mes élèves. D'ailleurs, je n'avais pas, je ne croyais pas avoir, le souci de me faire aimer. Être admiré et craint me suffisait. Et pour conserver cette admiration et cette crainte, ce n'en était pas assez de cette apparence de brillant qui en imposait si facilement à des lycéens, tout enivré de m'écouter moi-même, je leur jetais de ces éclairs dont je croyais les éblouir et qui n'étaient en fait qu'une fragile armure dont ils étaient dupes, dont j'étais dupe moi-même.

C'est en rentrant de ce séjour chez les Pygmées que je découvris que j'avais un élève qui souffrait de dysorthographie et qui était tétanisé chaque fois qu'il devait franchir le seuil de la classe de philosophie. En lisant la copie d'Étienne, j'avais, pour la première fois, été sensible à l'émergence d'une pensée et pas seulement aux mots qui l'enveloppaient et je m'étais surpris à lui dire qu'il n'y avait aucun chemin direct pour conduire à la vérité et que la seule chose qui comptait, c'étaient les progrès que chacun pouvait faire sur ce chemin, et qui ne suivaient pas forcément le rythme commun.

Ce sont les autres souvent qui remarquent nos changements et c'est par eux que nous changeons. Au bout de quelques semaines, je me rappelle ce jour, peut-être était-ce en hiver, une curieuse émotion m'envahit lorsque Étienne, si réservé d'habitude, en plein cours m'apostropha : « M'sieur, vous n'êtes plus le même... »

Il s'était arrêté soudain et joignant les mains dans une imploration crispée, il avait ajouté devant toute la classe, muette du coup, et comme gênée : « Mais vous êtes devenu bon. Vous nous donnez moins de sales notes. »

Je me rappelle, en entendant ces mots, avoir éprouvé un frémissement de honte et de mépris pour moi-même. Quelque chose en moi était en train de s'ouvrir. Il faut avoir changé pour être capable de le voir. Le mot « bienveillance », comme support d'un contenu de vie, et le mot

« enseignement », réalité rugueuse d'un métier à étreindre, cherchaient jusqu'ici à s'écarter l'un de l'autre et flottaient dans la classe, passaient l'un devant l'autre, étrangers l'un de l'autre, comme les deux seaux d'un puits.

Aujourd'hui, ces deux mots commençaient à se rejoindre ; mais c'était mieux encore : j'étais devenu plus sensible, sentant enfin tressaillir autour de moi des élèves inquiets de leurs notes et de leur avenir. J'avais compris le sens du mot « bienveillance ».

Les jours se suivaient et je pensais déjà aux prochaines vacances ; je disposais de mots qui me permettaient de narrer une histoire, la mienne, celle de ma rencontre avec un peuple menacé de disparition à cause de la déforestation, une histoire ressassée sur les plateaux de télévision, dans les journaux, à la radio, mais également commentée, interprétée selon la même injonction : il faut sauver les Pygmées !

Je répétais les mêmes souvenirs avec les mêmes formules, je jugeais les intentions de mes contemporains, comme s'il avait été vrai que je voyais clair en moi-même, à tout moment, et dans toutes les semaines, les mois qui avaient suivi. Je puisais constamment dans le trésor des conversations avec Tala, ou plutôt ses mots se coulaient dans les miens jusqu'à s'y perdre. À présent, je trouvais la vie occidentale mièvre. Tout me devenait relatif, presque inutile. Tout jusqu'aux vêtements qui devenaient pour moi des habitudes et je disais volontiers à mes élèves que le mot « habitudes » procédait de « habits » ou de « costumes », terme qui donnera « coutumes », autant de choses qu'il suffisait de changer et auxquelles l'Occident accordait trop de crédit. Je leur disais aussi qu'ils étaient devenus des produits de consommation, prenant leurs désirs pour des besoins, alors que, pour être heureux, il suffisait de combattre les désirs et de satisfaire les besoins nécessaires.

En leur parlant, j'écoutais Tala d'une oreille et de l'autre je m'écoutais moi-même, comme si, grâce à elle, je retrouvais la matière d'expériences ou de rencontres privilégiées que je me remémorais et qui constituaient les éléments d'une fraternité singulière où se liait, au sein d'un même limon, le peuple en voie de disparition qui avait conservé toutes ses valeurs et l'explorateur en quête de vérité que j'étais devenu.

C'était à croire que ma nouvelle vie suffisait à rendre justice à ce que j'avais vécu, certaines de ces sensations m'enveloppaient dans la chaleur du souvenir qui retissait désormais ma vie. Une fascination qui n'en était pas moins ambiguë, comme si jusque dans la gratitude que j'éprouvais, je pressentais déjà derrière mes actions ou en leur cœur même un sourd, un lointain levain d'angoisse.

Mais non, dans mon sommeil comme pendant l'éveil, Tala m'accompagnait, au point que je me serais placé sur les rails d'un train ou au milieu de l'autoroute sans craindre la mort. Je me disais que nous ne choisissons pas nos vies, nous ne choisissons rien jamais. Tala, comme un hôte caché, continuait à choisir pour moi. Je me rappelais le refus de mes offrandes, comme si j'avais été injuste ou ingrat naguère envers la vie, comme si je ne lui avais pas payé son dû ; comme si je devais, en somme, réparer les torts de tous les Occidentaux.

Et je n'étais pas loin d'éprouver à l'égard de Tala et de son peuple de la honte, ou du remords, comme on peut en avoir pour un proche oublié ou disparu lorsque nous faisons le compte de toutes nos fautes, de toutes nos négligences à son endroit. J'étais comme Don Quichotte : c'est auprès des fantômes toujours que, lâchement, nous souhaitons nous racheter.

Être à l'écoute de mes élèves ce jour où je tâchais de les entraîner vers ce que j'avais cru comprendre de Tala. Il y a des choses qui dépendent de nous et d'autres qui n'en dépendent pas. Nous ne pouvons agir que sur celles qui dépendent de nous et apprendre à laisser passer celles qui n'en dépendent pas.

Avant de commencer mon cours, les yeux ouverts sur ma sérénité, je posais mon front sur une pierre fraîche que je transportais désormais, depuis que Tala m'avait appris à me pencher sur un morceau de caillou pour renouer avec l'enfant que j'avais été.

— Et la maladie, m'sieur, elle dépend de nous ou elle n'en dépend pas ?

— Prévenir la maladie dépend de nous. Je peux ainsi éviter de trop manger, de fumer ou de me laisser aller à tous les excès. Mais quand la maladie est là, elle ne dépend plus de nous. Il n'est pas interdit de faire appel au médecin…

— Mais m'sieur, vous parlez des maladies guérissables. Que dites-vous de certains cancers, des maladies orphelines ou génétiques ? Moi, je souffre de surdité. Comment me comporter face à cela, alors que je suis appareillée comme vous le voyez et que j'ai du mal à suivre en cours ?

— Il faut apprendre à accepter, à s'accepter. Si vous vous épuisez à refuser votre handicap, vous resterez à jamais dans la tristesse et l'accablement. Pensez à Épictète, le philosophe boiteux, qui souffrait de claudication depuis que son maître l'avait rudement frappé, alors qu'il était esclave. Il s'est libéré en dépassant le regard qu'il portait sur lui-même et celui qu'il croyait que les autres portaient sur lui. Depuis ce jour, Épictète, le stoïcien, est devenu un homme heureux.

J'entendais respirer une autre élève. Elle respirait fortement, je m'en souviens très bien, elle respirait innocemment ce jour-là, avant de se laisser aller :

— Et moi, m'sieur, j'ai hérité de la maladie de Verneuil. C'est pas drôle, vous savez, de passer mon temps en consultation.

— Mais c'est quoi, cette maladie ?

— Ben ! Des abcès vous sortent de partout, vous déforment et vous défigurent et c'est très gênant, surtout quand on est une fille.

— Tout cela ne dépend pas de vous. Mais si vous continuez à vous rebeller contre ce qui vous arrive, vous souffrirez davantage. S'accepter, c'est faire de votre faiblesse une force. On n'entend pas toujours par l'oreille, par exemple. Et le malentendant peut développer d'autres qualités que n'ont pas ceux qui croient entendre parfaitement.

— Vous avez raison, m'sieur ! Je suis musicienne et je sais que Beethoven a écrit sa plus belle symphonie alors qu'il devenait sourd.

— Peut-être parce qu'il était dans l'acceptation de sa surdité...

— Ah ! oui, m'sieur, je comprends que pour Beethoven à ce moment-là naissaient en lui des musiques et pas seulement à son oreille. Comme un miracle.

J'étais frappé par la profondeur de ces remarques. Jusqu'à ce jour, ne m'étais-je pas montré sourd à la part humaine de mes élèves ? Leur parole me touchait comme les notes d'un oiseau de nuit pris par la grâce et qui chante dans la chambre où quelqu'un se meurt. J'entendais presque Tala parler à travers elles. Ces paroles exprimaient le suc de mille et mille instants qui me pénétraient comme un rayon lumineux. Ce qui n'avait jamais été là, ce qui ne s'était jamais donné, maintenant était là, maintenant se donnait, était le présent, était présent et même davantage.

Des êtres séparés, le professeur et ses élèves, maintenant cohabitaient, étaient ensemble, fondaient les uns dans les autres l'ardeur, l'éclat et la vie. Une parole vraie était dite. Je réalisais que chaque moment, chaque endroit, tout ce que l'on fait, tout ce que l'on dit libère les paysages cachés de l'âme. Ces paysages comportent des milliers d'étoiles avec leurs gouffres d'ombre, leurs obscurités, mais aussi une profusion de joies. Une vocation était née en moi. Je dis ce mot au sens le plus pur du terme. Je suis homme. Je suis enseignant. Dans la transmission de Tala qui coule à travers l'homme comme à travers l'enseignant s'exprime un appel, se clame un rappel. Parce que le professeur erre à la recherche de son lieu, parce que l'homme semble n'avoir pas encore tout à fait compris ce que Tala veut lui apprendre.

Devant mes élèves, ce jour-là, j'ajoutai que la parole ne passe pas toujours par l'oreille, mais qu'elle résonne comme un chant que vous recevez non pas de front mais toujours de dos, par la nuque.

— Pourquoi la nuque, m'sieur ?

— Car la nuque contient sept vertèbres, comme autant

de lieux de passage du prisme des sept sons et des sept couleurs.

Comme je disais cela, j'étais moi-même en arrêt devant une pensée mystérieuse, touffue, encore à demi cachée, que je ne comprenais pas vraiment moi-même mais qui me venait d'ailleurs.

— Ah ! je comprends mieux m'sieur, mon frère m'a offert un ampli en 3D pour écouter de la musique, alors que je suis malentendante. Il m'a invitée à m'asseoir, le dos tourné à l'ampli. Tout résonnait en moi et je crois que je n'ai rien raté, pas un seul son. C'était magique !

— Résonner, voilà le mot juste. La musique ne passe pas seulement par l'oreille mais bien par tout le corps. Les sons résonnent en nous et passent par la nuque. Résonner est la chance donnée aux vivants. Le son porte en lui la floraison, la vie et même la mort. Il est la merveille des merveilles.

Tout en moi était comme lissé et j'éprouvais dans la courbure de mon corps un rare degré de perfection. Ce n'était du reste pas vanité, car je sais très bien que tout ce qui avait désormais lieu en moi dépendait si peu de moi. Je revoyais cette femme, cette féticheuse dans des postures improbables pour son âge. Elle pouvait rester des heures assise, la tête dans le prolongement des membres, sans bouger, et se relever avec ce mouvement de respiration abdominal, brutal, qui donnait le sentiment que tous ses organes allaient quitter l'abdomen pour rentrer dans le torse et que son être entier se dilatait.

Élise commençait à parler dès que le cours de philosophie prenait fin et sans aucun de ces préambules habituels à la plupart des conversations entre professeur et élève. La banalité n'était pas le fort d'Élise. Ses phrases se développaient lentement, sans se surimprimer les unes sur les autres.

— J'ai aimé votre cours sur l'inconscient, m'sieur. J'ai surtout aimé ce moment où vous dites qu'il faut apprendre à écouter, à s'écouter. J'ai vécu jusqu'à l'âge de onze ans en bordure de forêt et je passais tout mon temps libre dans les bois à écouter la nature. Puis j'ai développé des acouphènes hérités de mon père qui m'ont coupée du chant des oiseaux, du vent dans les arbres et du brame des cerfs. Je ne supportais plus aucun bruit, même pas la musique que j'aime et je restais donc enfermée chez moi. À la rentrée, vous nous avez parlé du philosophe boiteux qui est devenu heureux après avoir accepté sa boiterie. Pendant trois mois j'ai appris à écouter mes acouphènes et à les apprivoiser. Je suis de nouveau capable d'entendre les bruits de la forêt que j'avais complètement oubliés depuis plus de six ans.

Parfois, pour éviter de perdre le fil de ce long discours, qui se chargeait d'images, d'allusions, qu'un geste ici et là venait souligner, j'écoutais, une fois encore, une fois après tant d'autres fois, j'écoutais cette jeune fille qui apprenait à se découvrir elle-même. Presque visibles, ses mots se tenaient entre nous comme une musique singulière qui naissait de la rencontre du maître et de l'élève, une musique qui nous transportait lentement dans la nuit fulgurante d'où elle avait surgi. J'avais posé la main sur son épaule et lui avais murmuré :

— Ça va loin, ça, vous savez, ça va loin....

Je ne savais plus ce que disait maintenant Élise, mais j'écoutais sa voix, il me semblait qu'elle me récitait un long poème dont certains détails, certaines images me frappaient, m'illuminaient, et peut-être ne m'avaient-ils à ce point transporté que parce que cette jeune fille, sans le savoir, me parlait aussi de moi. Car, dans ces conversations impromptues, improvisées entre deux cours, je ne crois pas que ce fût l'intelligence d'Élise, si supérieure à celle des autres élèves de la classe, qui me fascinait, mais sa voix gracile, remplie de souffle, de chaleur et qui formait entre nous comme une terre que nous aurions eue en commun, un lieu que nous aurions généreusement partagé.

Ce que j'aimais, c'était peut-être, finalement, les harmoniques que ce témoignage intime éveillait en moi, et qui n'avait plus de lien vraiment reconnaissable avec ce que Tala m'avait enseigné. Je crois fermement que mon écoute répondait à l'attente d'Élise et qu'il suffisait, pour qu'une lumière jaillisse dans sa conscience, une lumière non pas banale et ordinaire, mais de celle qui transfigure, que chacun se tienne résolument dans son rôle. Élise avait la parole. Moi, j'étais l'oreille.

Il est évident qu'aujourd'hui je peux évoquer ces choses-là avec le recul du temps. Je me rends compte que je m'étais vidé de la morale quotidienne et sociale qui aseptise les rapports humains et interdit qu'un professeur touche son élève. Or, plus que toucher, j'avais posé ma main sur son épaule. Cette scène d'une profonde humanité, loin de me porter à me culpabiliser, me faisait plutôt sentir la vanité radicale de certains interdits. Ce que j'avais appris de Tala, même si je n'ai pas tout compris, ce que j'aimais chez elle, c'était ce rapport nouveau au corps de l'autre qui devient un peu mon corps, un dénuement matériel qui n'affectait pas la dignité de l'autre, qui ne violait pas son intimité, mais la couvrait, presque religieusement, comme d'un voile sacré.

Tala m'aura appris à me pencher sur le corps de l'autre. À y quêter une image de soi, mais pas celle triviale de sa propre face. L'autre, plutôt. L'humanité elle-même, celle du dedans, celle qu'on ne voit pas, l'intérieur de l'intérieur.

Le visage de Tala semblait toujours auréolé de noir, mais ses grands yeux brûlants et caressants à la fois portaient une présence qui fascinait et envoûtait et empêchait presque de parler. Je faisais l'effort d'être comme elle me l'avait souvent rappelé, être mon corps, dépouillé de toute couture et de tout faux-semblant. Je me souvenais que beaucoup de chercheurs ou d'anthropologues, avides de développement personnel, avaient échoué ici à quérir la sagesse.

Pour ma part, je m'étais exercé à maîtriser mon impatience, à discipliner les pulsions qui portent tous ceux qui pensent trop à outrepasser les justes limites de leur corps et à se précipiter vers les choses. Après le lever, chaque jour, je posais de plus en plus longuement mon front sur une pierre, une brique qui me donnait le sentiment de liquéfier ma raison et de me rendre de plus en plus disponible à moi-même, aux êtres et aux choses. J'étais devenu patient, silencieux, avide d'apprendre comme un cerf traqué qui aspire à se jeter à l'eau ou comme ces animaux d'avant le déluge qui se tiennent dans l'obscurité pour éviter l'aléatoire passage du prédateur qui surgira dans leur champ.

— Te voilà revenu ! Tu n'es pas pleinement devenu l'œil qui voit, l'oreille qui entend, la peau qui goûte, le nez qui hume et qui touche. C'est un long apprentissage, tu sais, une pratique assidue des règles de la vie, si tu veux parvenir à la vraie connaissance. Tu es allé trop vite encore...

Avant même que la petite flamme qui sommeille en toi ne s'éveille, avant que les ombres ne se dissipent, avant que ton agitation n'éclate, avant que les bruits dans ton âme ne s'apaisent, avant, pour tout dire, qu'il y ait la petite nuée du matin qui annonce une présence dans les champs, souviens-toi que tu dois apprendre à suspendre longtemps le bruit de la raison en toi.

— J'ai beaucoup appris depuis mon dernier séjour. J'ai hanté les plateaux de télévision et les studios de radio...

— Et tu t'es surtout mêlé de choses dont tu ne connais que les formes. Plutôt que de parcourir le monde, plutôt que de te dépenser sur les continents à t'égarer dans la foule, apprends à vivre, apprends à être toi-même, alors tes yeux s'ouvriront et tu verras le ciel en toi. Alors, tu pourras entendre le bruit de ce que d'autres n'entendent pas. Tes pensées, laisse-les derrière toi, comme des feuilles mortes sur un tas derrière la case, en attente de la flamme qui les consumera.

Les mots de Tala continuaient de m'émouvoir, certes, mais j'étais comme inondé de cette nuit que son regard faisait crouler sur moi. Je me sentais taraudé de je ne sais quel malaise, de je ne sais quelle trouble inquiétude.

— J'ai tout fait pour sensibiliser le monde à la déforestation. J'ai beaucoup parlé de vos huttes qui méritent qu'on les reconstruise. Je me suis évertué à apprendre à mes élèves ce qu'est le bonheur. Tu m'avais appris que le bonheur, c'est accepter ce qui ne dépend pas de nous et rester maître de ce qui dépend de nous.

— Tu es comme le cochon de lait et le cochon femelle qui à force de grogner ne savent pas s'orienter dans la forêt. Tu parles trop. De même que tu penses encore trop. La maison qui est à construire n'est pas la hutte dans laquelle nous sommes. La vraie maison est celle qui est en toi et qui est à la mesure de ce que tu es. Celle-là n'est pas visible, seul toi tu sauras la voir, et seul toi tu sauras l'habiter lorsqu'elle sera construite. Si tu vois que mon habitation est laide ou bricolée, c'est que ta maison intérieure l'est tout autant. Car on ne voit à l'extérieur que ce que l'on est à l'intérieur. Pour construire ta maison, plusieurs chemins te seront proposés ; pour trouver le bon, tu devras toujours veiller à l'équilibre entre ce qui est achevé et ce qui est en devenir. Tu dois chercher l'équilibre entre ce qui rentre en toi et ce qui en sort. N'oublie pas que si on mange trop, on respire mal. Et si on respire mal, c'est l'organisme entier qui est malade. Laisse les hommes s'occuper des affaires humaines. S'ils veulent détruire les forêts, les arbres sauront leur rappeler qu'ils pleurent aussi. Quand les hommes coupent les arbres, c'est d'eux-mêmes qu'ils se coupent. Que transmettront-ils à leurs enfants, sinon les larmes des arbres ? Pourquoi d'après toi t'ai-je envoyé dans la forêt ?

— Pour apprendre à la protéger sans doute...

— Mais plus encore...

— Pour que je puisse rappeler aux hommes qu'ils doivent protéger la nature.

Puis il y eut cette phrase de Tala, une phrase extraordinaire qu'elle aimait à répéter, tellement inattendue dans le développement de ses conséquences :

— Tu n'as toujours rien compris. Laisse les hommes s'occuper des affaires humaines... Tout repousse. Les dents repoussent. L'herbe repousse. Les ongles repoussent. Les griffes repoussent. La peau repousse. Et la nature que l'on détruit laissera toujours la porte ouverte pour la reconstruire, tant qu'en nous quelque chose continue à pousser.

Je baissai les yeux, le cœur soulevé de honte. J'étais bien

malheureux, moi qui croyais avoir compris quelque chose de l'enseignement de Tala. J'avais envie de pleurer. Mon corps se rappelait à moi d'une bien fallacieuse façon... Je me sentais ridicule et ridiculisé devant cette vieille dame qui n'était même pas allée à l'école. Soudain, j'eus une grande envie d'uriner, comme pour me soulager de ma bêtise. Urine... Ruine... Voilà à quoi j'étais réduit...

Tala éclata brutalement de rire, comme si elle lisait en moi. Et finalement, je me joignis à elle, puis un grand calme nous envahit, un silence proche de la mort. Peut-être que le premier matin du jour était contenu dans ce silence de mort, comme une seconde naissance qui s'ouvre dans le cours de la vie.

— Une corde te relie encore à l'ancien monde : je vais t'aider à la couper. Pour cela, nous allons te fermer les yeux et les oreilles. Tu vois trop, de même que tu entends encore trop. Tu vois ce que te dit ta raison et n'entends que ce qu'elle te suggère. Il faut donc que tu apprennes à suspendre le bruit de la raison en toi. Il faut que tu apprennes à être faible comme un chaton qui vient au monde, sourd et aveugle. Il faut que tu saches sentir la fleur si tu veux sentir l'humain.

« Quand tout semble t'échapper, quand toute direction semble perdue, jette un regard sur une fleur, serre-toi contre un arbre, pour tout remettre dans l'ordre.

Tala était venue me chercher à l'heure où chante la perdrix. Le soleil commençait à poindre. Elle murmura qu'il fallait avoir le soleil dans le dos pour se rendre à l'endroit du sacrifice. On m'avait recouvert les yeux d'un épais foulard pour me conduire par la main en pleine forêt. Pendant que nous marchions, j'entendais des voix dans une langue que je ne comprenais pas. La moindre feuille devenait parole. Je pouvais sentir l'épaisseur, la température de la moindre goutte de rosée sur ma peau. Une voix m'avait rappelé que nous passions la rivière agitée dont le pont bricolé flottait à notre passage. Au point où j'en étais, je me disais que chaque pas serait le dernier. Je ne trouvais même plus la force de résister, tellement mes pieds me devenaient étrangers. C'étaient eux qui avançaient et moi je suivais, les yeux clos et le cœur fermé. L'impression me venait, à mesure que nous progressions, de laisser derrière moi toutes mes erreurs et mes faiblesses. L'odeur des choses s'oublie, mais on n'oublie pas sa propre odeur. J'assistais pudiquement et modestement au triomphe de la nature sur moi. J'avais pensé à cet épisode, je l'avais imaginé après l'avoir lu dans les livres. Il se produisait à présent. C'était donc cela l'initiation. Je pouvais décrire la moindre nuance de ma respiration. Le bandeau sur les yeux, je devenais l'air que je respirais.

Moi qui avais l'odorat fin, j'étais surpris qu'à cette heure matinale la forêt délivre autant d'odeurs, comme si les parfums élémentaires étaient devenus des bouquets de parfums neufs.

— Quelle heure est-il ?

— Je ne sais pas trop... J'ai jeté un œil à mon portable avant de partir. Il doit être quatre heures du matin...

— Pourquoi cela ? Pourquoi quatre heures du matin ? ajouta la voix.

— Je ne sais pas. Quatre, c'est deux plus deux ?

— Mais encore ?

— Je ne sais pas. Cela a sans doute quelque chose à voir avec la symbolique. Comme on dit « couper les cheveux en quatre »...

— Tu es à présent comme un arbre de la forêt. L'arbre doit attendre quatre ans pour atteindre sa maturité et porter ses premiers fruits. Tu es donc prêt, on peut se mettre sur la voie...

« À présent, le temps n'existe plus. Seul comptera le rythme de ton cœur, comme une petite musique qui se jouera en toi. À toi de prêter l'oreille pour entendre. Le foulard que tu as devant les yeux te rappelle ce que tu as à faire : fermer les yeux physiques pour ouvrir les yeux intérieurs. Te détourner de tout ce qui peut te distraire, pour te concentrer sur l'essentiel. Nous allons donc procéder à la cérémonie pour te fermer définitivement les yeux. Tu ne vois pas bien, de même que tu n'entends pas bien, parce que les yeux du corps sont encore rivés à tout ce qui te donne l'illusion d'être riche et puissant. Les yeux glisseront toujours vers les souvenirs, ils vivent dans les souvenirs, se vautrent dans les souvenirs et te font tomber dans l'illusion de posséder. Tu n'es pas aveugle mais aveuglé. Nous allons donc te faire sortir du temps ordinaire pour entrer au cœur même du temps.

Cette heure comme ce jour sont semblables aux heures et aux jours qui font aujourd'hui et demain, un aujourd'hui et un demain qui, pour toi, vont durer cent vingt ans.

À ce moment-là, j'entendis trois coups sur mon cœur, trois coups d'égale force, au point que je faillis presque chanceler. Et en même temps, j'eus le sentiment que mon corps entier était secoué et comme traversé par une onde, un courant qui remue et emporte tout. On m'ôta brusquement le foulard.

— Que vois-tu ?

— Rien, car je n'ai pas mes lunettes.

— Qu'as-tu vu avant d'arriver ici ?

— Je ne m'en souviens plus.

— Tu te souviens quand même de ton visage lorsque l'on t'a extrait de cette mort qu'on appelle le sommeil et que l'on t'a amené ici ?

C'est à cet instant que je me rendis compte que j'étais nu, je commençais à frissonner de froid et de gêne.

— Te voilà ! Tu es dans la pure solitude, dans le dépouillement extrême, tu ne peux compter sur le secours de personne, mais tu peux encore renoncer à ce voyage que tu veux entreprendre. Alors nous te rappelons que rien n'est acquis pour celui qui veut voir un océan à la cime des arbres. Souviens-toi aussi que tu deviens comme un semeur qui, après avoir enfoui la graine dans la terre, ne peut jurer que ce ne seront pas les oiseaux ou les voleurs qui emporteront la récolte. Accepte de semer, même si tu n'es pas sûr de récolter. Deux mains qui frappent ensemble font un bruit. Quel est le bruit que fait une seule main ?

— Je ne sais plus... Je ne peux plus vous répondre, ma tête est lourde, je suis comme ailleurs.

— Ailleurs ? C'est ce que tu es. L'ailleurs est le retour à l'endroit d'où l'on vient. Tu as bien fait de ne pas répondre, car te voilà placé à l'endroit où tu vas renaître. Ce sont ceux qui ne comprennent pas bien, de même qui ne voient pas bien, qui passent leur temps à réfléchir au bruit que ferait une seule main.

Ma peau s'était transformée comme si quelque chose depuis les profondeurs était venu s'étaler en surface, une couche comme celle que connaissent les horticulteurs qui, à longueur d'année, piétinent l'humus et les décompositions végétales. Pour la première fois, je me sentais lié à la nature comme le malade incurable et misérable est lié à son médecin par un sentiment vif de fraternité. Tala et moi, nous nous reconnaissions réciproquement comme des initiés dans le partage d'un même secret.

Quelque chose était en marche, un processus d'affaissement, de détérioration, de décomposition nécessaire à ma transformation. D'abord souterrain, avant de contaminer chacune de mes cellules. Un déplacement de matières qui allait de la périphérie de ma peau au centre de mon être, et du centre à la périphérie. Chaque arbre, chaque bande de champ, chaque fleur, chaque insecte, chaque chemin, chaque être, le monde lui-même se détachait de moi, comme régénéré, si bien que je sentais, ou savais plutôt, que chacun de ces objets, chacune de ces créatures devenait une partie de moi-même, comme si une âme inconnue, une force inconcevable m'offrait une réponse, un monde en guise de réponse.

Un cochon, attaché à une corde, fut apporté.

— Nous allons lui enlever cette corde et à partir de maintenant le lien qui te retient à ta vieille vie sera coupé.

Mais nous ne le détruisons pas. La porte est ouverte, tu peux encore retourner en arrière si tu le décides. La porte reste ouverte…

On trancha le cou du cochon et on fendit sa poitrine de haut en bas, dans le sens de la longueur, puis son ventre à l'horizontale, dessinant une croix. On me fit boire son sang. Et par sept fois, on me lava le visage. « Ton secret est ton sang. Ne le laisse pas échapper, tu risques la mort. »

À ce moment-là, je pensai, une dernière fois avant de perdre connaissance, à Homère qui ne devint aveugle qu'à Colophon, dans l'âge adulte, un âge où il fut enfin traversé par la lumière de la simplicité. Homère cessa de voir pour mieux écouter son cœur, pour entendre et voir ce que la vie dans son déroulement ordinaire empêchait jusqu'alors de voir.

Peu à peu, je me sentis revenir de l'ancien monde. Mourir est un voyage. Je ressemblais à un naufragé qui, après un étourdissement prolongé, sent à nouveau la terre ferme sous ses pieds, se trouve alors pris dans la fureur de la tempête et voudrait pousser des cris de joie au sein de ce déchaînement.

La forêt s'étendait en moi. Maintenant que les écailles de mes yeux commençaient à tomber, que je recouvrais la vue, quelque chose désarçonnait mon âme et renversait le cours de mon existence. L'expérience que je croyais avoir de la vie s'était métamorphosée, le chemin jusque-là emprunté s'était dévoyé. Mes mains serraient quelque chose. « Lâche prise. N'oublie pas qu'il faut mourir », m'avait lancé une voix, comme la salutation que se lancent les moines trappistes au matin, lorsqu'ils se croisent. L'avais-je vécu ou rêvé ? J'étais à la porte du monde, la seule porte à laquelle il faille frapper si l'on souhaite renaître.

— Un autre monde est caché dans celui-ci. Tu ne le percevras que lorsque les écailles tomberont définitivement de tes yeux. Ce monde n'est pas une énigme. Les savants t'ont appris que nous sommes perdus dans l'univers. Ce n'est pas vrai ! Tout comme il n'est pas vrai que le hasard existe. Il n'y a de hasard que pour ceux qui ne savent pas lire. Ce sont ceux-là aussi qui craignent la mort. Si tu ne crains pas la vie, pourquoi crains-tu la mort? La mort est la compagne de la vie, tout comme le jour est celle de la nuit. Regarde la flamme de la bougie, elle est noire à la base, à sa source plus près de la mèche. Pourtant, la bougie éclaire. Le soir et le matin sont liés comme l'ongle à la peau.

« D'où es-tu venu, sinon des ténèbres du ventre de ta mère? Et pourtant, ne dit-on pas que l'on vient au jour? Et ce jour lui-même est comme les ténèbres, car le nouveau-né ne sait rien du monde dans lequel il entre. Le jour n'est autre que la lumière de la nuit qui diminue. Et la nuit n'est autre que le jour qui diminue.

« Ce n'est pas la mort qui fait peur, c'est l'être qui se fait peur; il ne fait que protéger le petit débris qu'il est au milieu d'innombrables autres débris. En Occident, vous avez relégué la mort dans les cimetières et avez décrété le jour des morts. Mais vous avez oublié que chaque geste, chaque mot que l'on prononce rapproche des morts, rapproche de la mort et que dans la chose la plus simple, comme dans le plus petit brin d'herbe, le vent qui souffle dans les feuilles, la pluie qui tombe, le passereau ou l'aigle qui s'envole ou rôde, il y a l'appel de l'autre monde. La vie est sans fin, tout comme la mort est sans fin.

« Si tu apprends à méditer, tu feras de la place en toi pour vivre les saveurs inouïes que produit la rencontre entre la vie et la mort. La vie n'est pas un mystère, la mort non plus. Le plus grand mystère, c'est de passer son temps à vouloir tout comprendre et tout contrôler.

« Évidemment, tu as été confronté de près ou de loin à la perte d'un être cher, à celles d'inconnus, au point que tu en conclus qu'il faut défendre ta peau pour ne pas mourir. Souviens-toi qu'à la naissance l'enfant porte déjà en lui l'âge de toute l'humanité, car sa vie est faite de celle de tous les morts qui l'ont précédé.

« Vivre, c'est apprendre à entendre les morts en nous, c'est leur faire une place dans sa maison intérieure, mettre de l'ordre pour que chaque mort occupe la place qui est sienne. Mais comme nous sommes agités, nous empêchons les morts de parler en nous. Rien n'advient, rien ne devient, tout est déjà là, comme la vie et la mort ont toujours été là, bien avant que nous ne sachions y accéder, bien avant que nous apprenions à nous en douter. Mais nous sommes tellement insatisfaits de nous-mêmes que nous accusons la mort et la vie d'être injustes avec nous. C'est trop facile !

« La vie, c'est la vie ; la mort, c'est la mort. Mais nous ne savons pas y accéder. Vivre, c'est apprendre à accéder… Mourir, c'est apprendre à accéder à la vraie vie. Mourir, c'est inaugurer un temps continûment neuf. Il faut retraverser la mort autant de fois que l'on veut revivre. Vivre, c'est apprendre. Mourir, c'est apprendre. Nous sommes toujours déjà engagés dans la vie et dans la mort, mais nous voulons nous dégager de la mort et ne jamais sortir de la vie. À la fin, nous sommes à distance de la vie et de la mort et nous nous étonnons d'être condamnés à être insatisfaits.

Je levai la tête et essayai de me concentrer. J'osai prendre la parole :

— Mais que dire alors de la vie éternelle ?

Tala m'observa longuement, sans un mot, patiemment, méthodiquement, avec ce même regard et ce sourire qu'elle posait sur toute espèce d'être vivant et de chose. Ce regard de naturaliste soucieux de saisir l'intelligence du monde.

— Ce sont ceux qui fuient cette vie qui parlent de vie

éternelle. Il n'y a de vie que celle qui s'écoule entre nos doigts. Penser à la vie éternelle nous prive de celle-ci et nous coupe de la voix des morts qui nous appellent, nous invitent à les accueillir. Et pour accéder à ce avec quoi nous sommes toujours en rupture, c'est-à-dire nous-mêmes.

« Apprends donc à faire silence en toi. Pour cela, il faut que tu apprennes à regarder, à écouter, à toucher, à sentir. Tu as sept trous qui te permettent d'accéder à la lumière en toi : une bouche, deux yeux, deux oreilles, deux narines. Si tu vois trop, il faut que l'on te ferme les yeux, comme on le fait aux morts pour accéder à la lumière intérieure, car les yeux du corps ne sont pas grand-chose. Le vieillard qui meurt les yeux ouverts montre qu'il ne veut pas quitter ce monde auquel il est attaché. De même, ne dit-on pas du méchant qu'il a les yeux qui tombent? Ou encore que l'enfant né en voyant de trop est un enfant malade? Il est comme toi en arrivant chez nous. Il faut lui crever les yeux. On dit aussi qu'il faut préserver la flamme qu'il a au milieu du front, qui seule lui permet de voir dedans et dehors. Raison pour laquelle, avant chaque exercice, j'ai posé une pierre sur ton front.

« Si tu veux concilier la vie et la mort, le jour et la nuit, le matin et le soir, il faut aussi apprendre à te taire. Car, à trop parler, tu corromps le monde et tu corromps ton avenir. Si tu le veux, tu peux fermer tes deux oreilles, tes deux yeux et ta bouche, mais tu dois toujours laisser libres tes deux narines pour être comme cet animal qui a appris à respirer la nuit et le jour et ainsi à accéder à l'essence même des choses. La bouche ne parle que du monde. Les yeux ont tendance à aller au-delà du monde. Les oreilles t'enferment dans le monde. Le nez est situé entre les yeux et la bouche, entre le ciel et la terre, c'est par le nez que tu apprends à humer ton prochain. Le nez est ce qui en toi rappelle ta part divine. Maintenant que tu es relié au monde, n'oublie pas que toute alliance est un sacrifice et tout sacrifice un renoncement à soi.

À cet instant, un aigle traversa le ciel.

— Ah oui ! L'aigle ! J'en ai vu un quand j'ai suivi les enfants dans la forêt.

Tala sourit.

— La forêt demande vigilance et persévérance. L'aigle qui passe est ton double spirituel. Chaque animal, chaque être humain, chaque insecte a un double.

Je pensai alors à l'histoire sainte qui nous apprend que chaque saint a un double, je pensais aux dominicains qui ne sortent du couvent que par deux, à Thérèse de l'Enfant-Jésus dont le double est Théophane. Je comprenais à présent que chacun finit par trouver son double quelque part. Platon ne nous le rappelait-il pas dans *Le Banquet* lorsque Aristophane nous raconte le mythe de l'androgyne : la joie n'apparaîtra dans les cœurs que lorsqu'on aura trouvé son double, comme l'affluent de l'autre, comme si être soi, c'était devenir l'autre, l'épouser enfin, en offrant aux mots dont nous sommes faits la chance de nous accorder au chant secret. Être le double, c'est se gorger et se nourrir de l'autre, l'un traversant l'autre sans jamais le blesser, communier l'un à l'autre sans jamais perdre de son identité.

Comme par miracle, je pouvais maintenant ressentir quelque chose, sentir ce qui liait les œuvres de la nature, les faisait s'entr'appeler, se répondre, sentir combien la vie affleure dans la couleur, combien les couleurs vivent l'une par l'autre, et je pouvais en tout cela deviner un cœur, l'âme de celui qui avait fait ce monde, je pouvais sentir, je pouvais savoir, je pouvais pénétrer les choses dans l'instant, j'étais comme dédoublé, maître de ma vie, maître de mes forces, de mon jugement

— Sais-tu ce qu'est un aigle ?

— Un rapace.

— Mais encore...

— Je n'en sais pas plus. J'ai lu dans les livres que c'est l'un des rapaces les plus forts et qu'il a l'une des plus grandes envergures qui existent.

— L'aigle est ton nouveau nom de baptême : Obama. Comme l'aigle, tu dois avoir une vision précise des choses et du monde. Peu importe les obstacles, tu ne dois jamais dévier ton attention de ton objectif, jusqu'à ce que tu l'aies atteint. N'oublie pas que l'aigle ne se nourrit pas de proies mortes, mais de viande fraîche. À chaque moment de ta vie, tâche d'avoir des idées pures, ne lèse personne et ne vis pas en parasite, comme le font les vautours.

Tala se leva. Tout à coup, se tenant immobile devant moi, elle tourna lentement sur elle-même, regardant un aigle passer dans la pureté du ciel.

— Il t'arrivera de rencontrer la tempête. Comme l'aigle au-dessus de notre tête, utilise-la pour te hisser au-delà des nuages. Ne te comporte pas comme le peuple des oiseaux qui, par mauvais temps, se cache derrière le feuillage.

Tala tourna son visage sur la droite brutalement, elle me regarda un instant :

— Vieillir est-il un péché ?

— Euh... Non, tout le monde vieillit. Le général de Gaulle disait même que vieillir est un naufrage.

Tala sourit.

— Oui, tout le monde vieillit, mais pas de la même façon. Certains vieillissent et portent dans leurs vieux jours toute la misère des méfaits de leur jeunesse. Or, le vieillard doit montrer qu'il appartient à une espèce toujours en cours de transformation dans une nature elle-même en cours de transformation. C'est ce que nous voyons avec l'aigle : lorsque ses plumes ne peuvent plus le porter et que son bec et ses griffes faiblissent, il se dissimule dans une caverne. De son bec, il arrache toutes ses plumes les plus faibles, brise son bec et ses griffes contre les rochers et attend paisiblement que tout repousse. Fort de nouvelles plumes, de griffes acérées et d'un bec puissant, il peut alors repartir à la conquête du ciel. Tout nimbé de la clarté du jour, il peut désormais s'élever haut dans le ciel et se rapprocher au plus près du soleil qu'il tutoie alors sans se brûler les yeux. À partir de là, de regard en regard, l'aigle aspire à une rencontre suprême qui le reliera au regard initial de l'univers que l'on appelle la mort.

« Obama ! Ton nom de baptême qui t'assimile à l'aigle évoque le renouveau, la reprise de quelque chose qui a été conservé et qui demande, à chaque moment de la vie, à être développé et à se tourner vers le futur. Comme l'aigle, le temps sera ton corps, le ciel sera ton dos, le soleil ton horizon. Et ton regard sera la clé du divin. On dit que les yeux humains ne peuvent dévisager le soleil sans perdre la vue. Mais toi, Obama, comme l'aigle, tu fixeras le soleil en face. Celui qui n'a pas la lumière en lui ne peut dévisager le soleil sans risquer de perdre la vue ou la vie.

Les paroles de Tala étaient comme un nuage qui m'emportait très loin. Je sentais tout à coup que mon corps était impatient de ne plus toucher terre, de tournoyer dans la brume montante et de planer tout proche ou au loin à l'horizon. J'étais EPHA, la légèreté, j'étais Obama, la réconciliation du ciel et de la terre.

J'étais comme Dante quand il vit Béatrice pour la première fois, alors qu'il avait neuf ans. Quelque chose comme l'esprit se mit à vibrer en moi au point de dilater mon corps tout entier, de faire éclater mes veines et d'accroître mon âme. Pour la première fois, j'eus le sentiment de toucher la joie. Tala l'avait-elle prémédité, avait-elle suscité ces émotions ?

Des chèvres sortirent de l'enclos et sautillèrent vers l'herbe haute près du campement. Je tendis l'oreille : combinant vide et plein, la symphonie pastorale de Beethoven sourdait de la terre, rejoignant le rythme du courant éternel qui meut les astres.

La nuit fut longue. J'avais tellement froid que je me demandais si je pourrais me relever. Parfois, je souhaitais rester là, allongé, inerte sur ma couche de feuilles de bananiers. Je pensais à la journée, au retour de Tala, à la chaleur sur ma tête nue et à mes yeux gonflés par les reflets du soleil. Autour de la case, j'entendais des piétinements, des voix, des lamentations, des pleurs, des geignements. J'entendais tous ces gens qui, comme moi, étaient en souffrance, car ils avaient perdu la note juste. Tout s'agitait, toutes les forces, celles du sang et du vent, celles de la nuit et des marées, celles des animaux et des végétaux ; tout à présent était en éveil.

Je n'avais pas achevé de me décanter, de transformer la solitude en plénitude, la souffrance en communion, mes cris en chant. Pour mieux entendre, il fallait que j'apprenne aussi à fermer mes oreilles.

— Tu entends trop. Demain, dès l'aube, au chant de la première perdrix, nous irons à la rivière pour te fermer les oreilles.

Me fermer les oreilles ? Je m'attendais au contraire à ce que Tala m'ouvre les oreilles afin que j'entende mieux. Décidément, tout ne se passe pas ici comme on s'y attend. On me crève les yeux. On m'étoupe les oreilles !

— J'entends bien ce que tu te dis... Tu n'as pas compris que pour accéder à ce monde caché dans celui-ci, il faut que tu quittes les habits de ton ancienne vie. À l'origine, les hommes étaient avec les animaux, ils vivaient avec eux, ils étaient toujours à leurs côtés. Ils étaient capables, comme eux, d'entendre le bruit que font les ailes d'un papillon en plein orage, de capter au loin la force du volcan qui fuse dans la montagne ou celle du fleuve qui se dresse dans la tempête. Puis, les hommes se mirent à fabriquer des pièges de toutes sortes pour tuer les animaux et se vêtir de leur peau. Ils se mirent à enseigner aux autres hommes comment mieux se nourrir en mangeant d'autres animaux et pour cela ils apprirent toutes les mélodies des animaux, leurs joies, leurs ruses, leurs histoires, leurs vols aussi. Ils surent tout par cœur et ne surent plus entendre. Ils abandonnèrent leur part animale. Il faut faire taire les oreilles de chair pour apprendre au corps entier à réentendre. Il faut donc faire le chemin en sens inverse et c'est ce que nous allons entreprendre.

Tout devenait absurde. J'étais comme un homme traversé par l'angoisse même de vivre. Je venais d'un monde où la vitesse était de règle. Tout faire plus vite dans la frénésie et l'angoisse. Et tant pis pour ceux qui ne suivent pas. Ils ne connaissent pas le surmenage auquel on peut échapper, mais le burn-out auquel on n'échappe pas. On pourrait presque dire en français qu'on est cramé...

Ici, c'est l'éloge de la lenteur. Je ne sais rien dire à ce sujet tellement j'ai de mal à ralentir ma course. Le temps s'alentit et l'on se retrouve face à soi-même. On dit de lâcher prise, facile à dire ! Il est encore plus difficile de ralentir que d'accélérer.

Pour lâcher prise, il faut de la souffrance, de la sueur et même de la solitude. Il faut répéter sans cesse les mêmes gestes pour les apprivoiser : poser sa tête sur la pierre, écouter sa respiration, accorder son souffle avec celui du monde, faire attention à ce que l'on boit, à ce que l'on mange, pour découvrir l'odeur de la forêt mouillée après la pluie, pour s'accorder à la lenteur et plonger au-dedans de nous-mêmes. C'est de l'extérieur que tout vient, notre esprit est tendu par-dessus l'irrépressible éboulement du monde. Pour nous accorder à la lenteur et à son corollaire, l'harmonie, nous devons admettre que nous ne possédons pas notre moi ; au contraire, tout nous est soufflé du dehors, comme ces émotions qui reviennent, alors qu'elles ont déjà, un jour, en nous fait leur nid.

À présent, je me creuse comme un pigeonnier pour accueillir le monde. J'ai appris ce que signifie une bonne vie en somme. Une relation à soi, aux autres et au monde qui ne soit pas aliénée. Tricher avec soi-même dénature la relation que l'on a avec soi-même, avec les autres et avec le monde. Je ne sais d'ailleurs si cette tricherie doit être attribuée à l'esprit ou au corps, elle révèle que nous menons une existence déconnectée de l'essentiel, alors que nous sommes hyperconnectés et menons une vie d'un vide à peine croyable, tant il est fondamental.

Comment dire avec des mots cette relation nouvelle qui permet de rentrer physiquement en relation avec le monde – avec notre regard, notre peau ; nous entrons dans un rapport nouveau, mystérieux, nous préférons le mot « harmonieux », avec toute l'existence, au point que nous nous mettons à penser avec le cœur. Je dis *harmonieux* car grâce à Tala, progressivement, je sens qu'une paix me traverse, traverse le monde entier et moi, que cette paix m'est devenue réelle, sensible, à tel point que je suis à même de donner l'indication exacte sur les mouvements internes de mes entrailles ou les battements de mon cœur.

Tala était sortie ce matin-là. Avant de commencer les soins, comme elle disait, avant de se mettre à l'écoute de la foule qui s'agglutinait dans la cour, elle saluait le soleil, dont les premiers rayons caressaient les prairies fraîchement fauchées : « Te voilà... » Elle resta là, fixant l'astre dont la lueur versait sur son visage une haleine de vie. Elle resta là, immobile, transparente comme l'air, aussi longtemps que ses yeux pouvaient supporter la lumière de l'aube.

J'avais compris que ce que faisait Tala indiquait le chemin à suivre. Au réveil, toujours remercier la lumière d'être venue jusqu'à nous. Elle se lavait aussi les mains, prenait de l'eau de la main droite pour la verser sur la gauche ; ensuite, elle se lavait le visage à l'eau froide. Le jour pouvait alors venir avec son cortège de bruits et les voix des oiseaux. La lumière pouvait devenir vivante. Tala avait un regard de recueillement ou d'interrogation. Personne ne pouvait répliquer à ce regard, car personne, pas plus aujourd'hui que demain, ne pourrait donner une réponse.

Mon corps était tout entier empli des paroles magiques de la féticheuse. Je n'avais pas dormi de la nuit. Tala ne m'avait pas préparé à ce qui arriverait après son enseignement. Car seul le temps ouvre de loin en loin les yeux du sommeil dans lequel on était plongé.

Dans la tradition, rien ne vaut l'expérience et aucun témoignage ne prépare à mourir à soi-même. J'étais nu, exposé aux regards. Le tam-tam battait fort, comme si une mission mystérieuse poussait le rythme à travers l'air. Tout en flottant, le son tombait des nuages, des astres, des cimes et se confondait avec ma respiration la plus profonde. Tala s'était mise à psalmodier et les mots magiques issus de sa bouche résonnaient, fidèles et pourtant confus, entremêlés aux secrets des nuages, aux astres, aux cimes. Tous mes sens étaient en alerte.

Pendant qu'elle parlait, j'avais le sentiment de tout entendre, de tout comprendre. Je ne cherchais pas à entendre. J'entendais. Je ne cherchais pas le son. Le son venait à moi. Il y avait un grand feu au milieu de la cour. Otabla, l'aide de Tala, vint me chercher, avec la sauvagerie d'une vague bondissante. Il me boucha les oreilles et me fit traverser les flammes :

— Passe, passe, me lança-t-il, si tu n'as rien à craindre, traverse ces flammes, il ne t'arrivera rien.

J'entendais ces mots, comme s'ils jaillissaient des nuages ou du ciel. Comment pouvais-je encore entendre, alors que j'avais les oreilles bouchées ?

Pendant que le public applaudissait et qu'une clameur montait, mon corps, mon âme, mon esprit connaissaient une joie suprême, celle que seul connaît le voyageur qui court dans les dunes, embrassant l'éternel désert d'un seul coup d'œil et découvrant l'oasis au loin. J'étais envahi de douceur, celle de me voir perdre une part de ma pesanteur, ne serait-ce que dans l'intervalle d'un souffle. Je pouvais donc entendre ce que les autres n'entendent pas. Je pouvais entendre l'essentiel. Quel délice de m'alléger mille fois du fardeau terrible de mon passé.

Un instant survient qui vous révèle à vous-même, ce qui n'a jamais été, qui ne s'est jamais donné maintenant est là, maintenant se donne, devient présent et plus que présent, il devient nous. Ce qui avait été désuni maintenant cohabite et rayonne de l'éclat même de la vie.

Je comprends à présent pourquoi la cour de Tala ressemble à la Cour des Miracles. Les patients sont souvent nombreux devant sa case. Certains, arrivés en fauteuil roulant, repartaient sur leurs deux jambes. C'est donc que la parole de Tala redonne foi et confiance. Elle donne confiance au-delà de toute apparence, elle est comme l'intervention d'une main qui saisit au plus profond de l'âme.

Une femme était arrivée. Elle affirmait souffrir d'un cancer. Sa famille s'agitait, s'excitait sur place ; il n'y avait que des cris, ceux d'au-dessus et autour et partout. Ça se passait dans son ventre, disait la patiente et la cour entière prit l'allure d'une fosse d'aisance. À plusieurs lieues de là, on pouvait entendre le cri de la femme, cri viscéral qui avait porté en lui toutes les douleurs et qui maintenant crevait en bouillons dans une puanteur insoutenable.

Tandis que la journée s'allongeait et que les assistants dansaient, jouaient, riaient et que la fête battait son plein, Tala vint, appuyée sur les coudes et les genoux, comme si elle chancelait dans les assises profondes de son corps. Elle interrompit tout le monde. Elle se redressa et, comme le bouquetin bondit de rocher en rocher, elle se mit en équilibre sur une latte de bois. Cela dura un long moment. Le vent se leva. D'où venu ? De plus loin que le loin...

La parole lui vint comme de juste. Une exaltation heureuse se lisait sur son visage. Comme le bouquetin, elle se mit à danser sans tituber, elle ne cherchait pas d'appui et les mots justes surgissaient de ses lèvres. J'entendis parler de l'épreuve de l'air. Tala avait réussi à intégrer l'esprit qui anime l'air, le souffle qui est en toute chose et qui n'apparaît qu'à ceux qui ont réussi à vibrer avec la nature.

— Que vois-tu dans la cour ? demanda-t-elle à la femme.

— Des hommes, des femmes, des vieux, des enfants...

— Le multiple n'existe que pour ceux qui ont perdu

toute connexion avec eux-mêmes. C'est ce que l'on appelle la maladie. Lorsque l'on est plein de lumière, il n'y a ni femme ni homme, ni vieux ni enfant, ni grand ni petit, ni plein ni vide, ni gauche ni droite, car on réussit à réunir ce qui est différent. Réfléchis donc pour savoir à quel moment tu as perdu le contact avec la lumière. Notre travail de guérison consistera à te permettre de renouer ce contact perdu.

« La maladie n'est qu'une conséquence de la rupture avec la nature et avec soi-même. Elle vient de l'oubli du corps. Il faut donc écouter son corps, car il parle. Lorsque l'on est plein de lumière, quelque chose comme une musique se joue dans notre cœur, une musique qui est contenue dans la rosée du cinquième mois et porte l'éclat et le principe de toute chose. Et on peut l'entendre parce qu'on est fils du soleil et que ce rythme s'accorde avec notre âme.

— Mais j'ai beaucoup souffert. La vie ne m'a pas épargnée. Qu'ai-je fait au bon Dieu pour charger encore ma hotte avec ce cancer ?

— Accepte ta maladie car c'est la tienne et pas celle d'un autre. Et surtout n'envie pas la santé d'un autre car tu ne sais pas ce que cache son corps. Si tu l'acceptes, tu es déjà sur le chemin de la guérison. Si tu la refuses, elle restera en toi, en chacune de tes cellules et tu transmettras la douleur à ta descendance. Malheur à ceux qui ont bu la douleur et qui la transmettent à leurs enfants. La seule chose dont on doit être heureux dans la vie, c'est d'avoir transmis le bonheur autour de soi et à ses enfants. Lorsque tu vas chez le médecin, il soigne la maladie mais il ne soigne pas le malade. La féticheuse que je suis va soigner celle qui consomme la mort et qui la répand. Elle va renifler la chose neuve qui surgit dans l'air qui nous entoure. C'est ainsi qu'elle va guérir l'âme qui est dominée par la bête de la régression.

La femme écrasa à la hâte une larme qui coulait sur sa joue que Tala avait noircie avec du charbon de bois pour l'assimiler aux cendres d'où nous venons.

Pendant qu'elle parlait, je pensais à mon père qui était mourant parce que, lui aussi, était frappé d'un cancer. Tala m'avait regardé et j'avais entendu ce qu'elle me disait. Elle me parlait de celui qui avait défié tous les spécialistes en oncologie à Strasbourg qui lui avaient annoncé qu'il lui restait trois mois à vivre. Mon père leur avait dit que lui seul savait ce qui se passait en lui, que les médecins n'avaient fait que des études sur la maladie et non sur l'âme. Je comprenais enfin pourquoi il m'avait demandé de venir voir cette vieille dame, lui qui, dix ans plus tard, après le diagnostic et le pronostic, était encore vivant. Je me disais qu'à présent, c'est lui qui déciderait du moment où il allait partir. J'avais entendu ces mots, comme si Tala me les dictait, au-delà des visages barbouillés de noir, au-delà des larmes et de la douleur.

Des anecdotes, de minces détails, des fils lumineux détachés sur le fond obscur du quotidien avec mon père remontaient à présent à la surface. Je leur avais donné des titres qui en faisaient comme de véritables contes : « Mon père au restaurant », « Mon père avec sa famille », « Mon père qui découvre la neige ». Événements insignifiants, simple écume de la mémoire, je démêle à présent pourquoi ils trouvaient en moi un tel prolongement, parce que mon père en était le héros ; parce qu'en l'écoutant, j'avais l'impression d'entrer dans une zone obscure, de m'approprier un peu de cette tradition animiste qui était la mienne et dont j'ignorais tout.

Comment ne pas refaire ce chemin de la mémoire ? Je

me souvenais de ces journées dans le restaurant humanitaire que je tenais et qui était devenu le lieu de rencontre de notre petite bourgade. Mon père se tenait à l'entrée pour accueillir les clients. Un jour, il avait laissé échapper cette petite phrase, si banale, qui longtemps avait résonné en moi : « Cette femme est comme un marécage qui grouille de douleur. » J'étais étonné d'entendre mon père parler tout haut, comme d'une voix qui n'était pas la sienne, demandant, dans la respiration suspendue de tous les souffles, et comme d'une supplication :

— S'il vous plaît, montrez-moi votre visage.

Et la femme qui prenait son repas, étonnée, s'était tournée vers lui, l'avait longuement regardé, avant de l'interroger :

— C'est de moi que vous parlez?

La voix de mon père s'infléchit curieusement. Je ne savais au juste d'où elle provenait, elle se fit soudain proche du chant, un chant sain, joyeux, qui rejaillissait sans cesse de verdeur nouvelle :

— Oui, il y a beaucoup de boue en vous qu'il faut nettoyer. Vous êtes dans le noir. Le très noir. Il faudra libérer cette lumière qui fait signe en vous.

La femme s'effondra en larmes. Elle raconta qu'elle avait fait plusieurs fausses couches, que son mari venait de la quitter car elle n'était pas fertile et que c'est tout à fait par hasard qu'elle était entrée ici pour partager un plat exotique et se consoler un peu.

— Il n'y a pas de hasard, lui lança mon père, le hasard n'existe que pour ceux qui ne savent pas lire ce que la nature a écrit en eux. Votre mari vous a quittée; malgré la douleur, c'est une bonne chose pour vous et pour lui.

Vos corps n'étaient pas compatibles et ne pouvaient donc procréer.

Ces mots étaient comme un chant sans paroles, tantôt rauque, tantôt grave, d'un velouté qu'on aurait voulu palper, une voix faite pour rendre sensible ce qui était hors de portée dans sa présence immédiate et qui semblait, pour nous autres, indiscernable.

La femme était partie en remerciant mon père et sept mois plus tard, elle revint, enceinte. L'émotion l'étreignait en franchissant la porte du restaurant comme nulle paire de mains n'aurait pu le faire. Elle n'avait pas eu à parler. Mon père s'était tourné vers elle et l'avait embrassée. « J'embrasse l'enfant qui danse en vous. Je suis heureux que vous ayez accepté quelque chose de ce qui vient. » Dans les yeux de mon père et dans ceux de la femme, je lisais la grande joie de l'instant, quand la lumière dans le regard se fait exactement celle dont on a besoin, car elle dissipe toutes les ténèbres.

À présent, je saisis mieux qui était mon père, un homme qui avait un œil en trop, comme Hölderlin le disait d'Œdipe, un homme capable de planer au-dessus de tous les hommes, comme l'aigle, et de comprendre sans efforts le langage des cœurs et des choses.

Je ne sais pas dans quelle mesure la femme qui souffrait d'un cancer ressemblait à mon père. Sans doute lui manquait-il cette force intérieure qui est capable de repousser ou de résister à la maladie, cette force capable de résorber toute obscurité, toute douleur, comme dans un bain de jouvence, dans lequel tout peut s'oublier, tout peut se réunir. Je comprends mieux l'importance de la présence de la féticheuse dans ce village pygmée. Pour les gens qui souffrent, la parole de Tala aide l'âme à s'affranchir de ses entraves terrestres, non en les dédaignant, mais en les apprivoisant avec une telle intensité que la féticheuse se fait passeuse.

La maladie nous enseigne quelque chose sur la vie, sur les autres et sur nous-mêmes. Lorsqu'on lâche la main de son double spirituel, le corps souffrant parle, aimait à dire Tala. Je démêle à présent le sens de la maladie de mon père, lui qui aimait toute espèce de conquête ou de profit dans le monde, lui qui avait eu trois femmes, trente-trois enfants, et dont l'argent doublait parfois l'épaisseur du matelas.

Au moment où il était tombé malade, où il avait développé ce myélome multiple des os, tout en lui avait changé. La douleur appelait la douleur et l'homme à qui on ne donnait plus que quelques mois de vie avait défié tous les pronostics médicaux – le mot « miracle » avait même été prononcé. Depuis ce jour, il me parlait de son double spirituel, ce que je prenais pour un délire de malade. Il vivait avec lui dans la familiarité sensible. Cette idée de double spirituel était plus ancienne que le christianisme, mais le christianisme, à travers les images d'anges, de vierges protectrices et de toute la cohorte des saints, l'a puissamment exploitée.

Lorsque mon père apaisait les douleurs des autres par une simple imposition des mains ou un toucher léger, on aurait dit qu'il oubliait ses propres douleurs, que son corps était investi de puissances ordinaires, une manière de compensation prodigieuse qui entrait dans des voies d'expression hors du commun, ce qui m'impressionnait. Quelque chose était apprivoisé en lui, presque tout ce que l'on appelle ordinairement la vie. Ce que la médecine pouvait savoir de son corps avait toute la délicatesse d'une fleur rare, inaltérée par le temps.

Depuis qu'il avait renoncé à sa vie passée, maintenant que le plaisir, le pouvoir et la colère n'étaient plus qu'un vague souvenir, il semblait avoir échappé à la loi de la dégradation et du vieillissement. Seuls les saints de Dieu jouissent de ce privilège. L'idée de double spirituel n'est pas une abstraction, c'est même beaucoup plus qu'une image de songe. À travers Tala, je sais à présent qu'il s'agit d'un être invisible mais présent, avec qui tout vivant, tout homme, toute femme, de toute couleur, de toute origine, doit se trouver dans un état de constant dialogue. Ce père qui ne cessait d'échanger pensées et sentiments avec son céleste compagnon voyait ainsi sa vie intérieure admirablement remplie.

Comme Tala, j'ai l'impression qu'il est dans l'existence, sur terre, parmi nous, un jeune aveugle qu'une bienveillante et attentive présence conduit par la main. Ce qu'il voit, de ses yeux de chair, ce qu'il peut toucher et sentir, par la grâce de son gardien et protecteur, le fait accéder à un tout autre monde, dans lequel il s'établit peu à peu, en sorte que ce double spirituel, ce céleste chevalier, comme une cheville pour les choses, comme un enseignant pour ses élèves, le situe dans une épaisseur indiscutable de vérité.

M'envoyer ici, auprès d'une femme dont j'ignorais jusqu'à l'existence, sur mon continent de naissance, était donc une affaire de transmission et d'initiation. Ce qui se préparait ne devait pas déboucher sur un spectacle ordinaire d'où je devais sortir à la fin avec une simple émotion de voyageur. Ce voyage me situait à l'aune de ma propre histoire, comme les chrétiens des premiers temps se préparaient au baptême par un rituel d'ascèse et de réflexion. Chaque geste, chaque parole, chaque signe exigeait la disposition de l'esprit, du cœur et du corps même. Le moment était venu où la vie de mon père et celle de son enfant, la mienne, confluaient en un seul symbole.

Je me souviens aussi de cette scène, quelques mois plus tard. Mon père était fatigué ce soir-là. Il s'était couché dès la tombée du jour, ce qui n'était pas dans ses habitudes. Le lendemain, à l'aube, il m'avait invité à lui parler de Tala, dans cette chambre sans apprêt où régnait une atmosphère de nudité concise et rêche. Cela faisait dix ans qu'il était frappé par ce cancer, et sa chevelure foisonnait toujours de la même énergie grisonnante.

Couché dans ce lit, la scène formait un cercle éclairé d'une bougie, dont la lumière douce invitait au recueillement. Je m'attendais à un visage creusé par la douleur, à ce regard sévère où la fulmination et le silence auraient élu domicile. Je m'attendais à voir les traits d'une justice impitoyable qui renvoyait ces fils et filles à la conscience de leurs péchés. Mais non, l'homme était plutôt apaisé, doux, accueillant, passif à mon égard, résigné à ma présence qui, très probablement, ne comptait guère pour lui. Il était déjà ailleurs. Il était au-dedans.

De même que la peau des mains n'exprimait rien de sensiblement humain, reflétant une aventure intérieure tout à fait immobile et hors de prise ; de la même façon, cette posture d'homme malade appelait une puissance que je n'atteignais pas, comme si le corps tout entier, dont les esprits de l'au-delà s'étaient déjà emparés, prospérait sans restriction. Il y avait là une part de beauté étrange et inattendue. Toutes les pensées en moi se pressaient en foule.

Elles auraient voulu que mon père, ici, soit vieux, déformé, laid, rebutant, rencogné en des territoires dépourvus de charme. Mais non, l'homme restait séduisant jusque dans la vieillesse et exhibait violemment l'un des signes les plus fastueux de son humanité. Il est vrai qu'en de telles circonstances nous sommes aveugles, la moindre image nous empêche de voir, surtout quand il s'agit de son père.

Il avait pour seul vêtement ce drap blanc que l'infirmière avait posé sur lui. Sa nudité couvait sous son provisoire vêtement. Il attendit un peu, il attendit jusqu'à ce qu'il eût la certitude que nous étions deux et que l'espace sonore qui nous entourait s'était bien habillé de silence. Alors, il se livra. Alors, il commença à parler.

La mémoire et les souvenirs qui émergeaient de ses paroles inspiraient ses derniers gestes, creusaient son souffle et imposaient leur rythme, tandis que le vieillard digne dansait, ce dernier jour, sur cette scène ultime, devant son fils aîné. C'en serait fait bientôt de l'histoire de sa vie, l'éternité allait commencer.

Un grand silence s'était abattu. Une musique étrange se fit entendre. L'avais-je rêvée ou l'avais-je réellement entendue ? Elle était faite de bruits urgents et intempestifs, de raclements, de grincements, de halètements, de plaintes dont l'extrême ténuité psalmodiait la douleur ou l'anticipation d'une joie future. Il y avait beaucoup de ressassements dans cette partition qui se jouait, comme si l'artiste se préparait à son entrée en scène et écoutait la musique venue d'un autre monde pour s'en pénétrer, comme d'une eau bénite qui aiderait à franchir la ligne qui nous sépare du monde caché dans celui-ci. C'était vraiment très étrange : un tel jeu de lumière et de son confinait son image à certaines figures de la sainteté.

28 mai, veille de la fête des mères. Trois jours après ma visite, mon père disparut sans bruit. Il se retira comme les grands sages après avoir tout dit. Comme je pénétrais dans sa chambre, un vent terrible se mit à souffler. La fenêtre s'était ouverte, comme si la chambre tout entière avait chaviré et que les murs eux-mêmes s'étaient inclinés jusqu'à lui, alors que le lit médicalisé où il reposait s'était rehaussé, soulevé à la tête, à l'instant où l'espace et le temps coïncident. Puis le silence se fit.

Nous disons toujours que le corps est la face tournée vers le monde, celui du tourment et de la déchéance. Or le silence qui entoura mon père sur son lit de mort rappelait cette sorte de nimbe que l'on perçoit autour des visages des saints, cette aura qui circule entre les nuages un soir d'orage.

Je n'avais pas eu conscience du temps qui passait, de cette heure qui me semblait immobile et conjurait Dieu de retenir encore un peu la main du mourant. Comme un enfant qui ne se résignait pas à croire que Dieu est sourd, nécessairement sourd, et fermé aux raisons du cœur, je crispais ma pensée sur cette évidence intérieure qui me saisissait : que mon père avait choisi le moment, le temps et l'heure. Si je n'avais pas pleuré, c'est parce qu'il n'y avait en moi nulle révolte. Mon père m'avait préparé à la mort, à sa mort. Une grande paix m'enveloppait de sa caresse et mettait à distance toute souffrance passée et à venir, comme si, avec ce départ, mon être se reconstituait dans l'unité, telles les pièces d'un puzzle redevenu sensible.

Moi qui avais vécu fermé à tout, je réalisais que la rencontre avec Tala m'avait préparé à tout, que Tala était l'intercesseur entre deux rives. À présent, j'étais capable de percevoir la rumeur sourde du sang dans mes vaisseaux, comme la sève monte au premier jour du printemps. En regardant cet homme qui semblait dormir, mon souffle montait et descendait avec une régularité paisible et apaisante. Ma gorge se dénouait ; au même moment l'aube monta jusqu'à mon cœur. Mon regard en biais contemplait la poignante apparition de l'homme allongé là, l'homme d'amour et de mort, le père, le mari, le grand-père, le patriarche, mais surtout l'initiateur. Et moi, à mesure que le jour s'allongeait et que rosissait le ciel, j'ouvrais mon cœur à la lumière de l'autre monde car, lorsqu'il ne reste plus rien, sinon des images et des souvenirs, la frontière entre la vie et la mort s'abolit.

L'histoire humaine a changé le jour où elle a croisé la galaxie de la chèvre. Au fil des nuits sans sommeil, ma fascination elle aussi grandissait à force d'entendre sa voix trouer la voûte étoilée. Plus la chèvre pousse de cris et plus je tremble parce que je ne m'appartiens plus. Alors je sortais, cherchais des yeux cette immense bête retirée dans un coin reculé de la cour, entre cases et bananeraie, et qui, selon les jours, se donnait aux fleurs ou aux jeunes pousses. De bêlements en écorchures de voix, elle me défiait du regard sous ses paupières lourdes, fabuleusement étoilées.

Il fallait venir ici, dans cette forêt pygmée, pour découvrir le nouveau visage de la chèvre. Celle qui suivait, écoutait Tala n'avait pas besoin de parler : son seul regard suffisait.

J'avais appris à aimer la puanteur intense de ces animaux, nains, moyens ou grands. De toutes les chèvres qui étaient dans la cour, il y en avait une pour qui les nuits de consultations et de soins n'étaient jamais trop longues. Elle veillait aux côtés de sa maîtresse, prête à charger lorsqu'elle jugeait qu'un patient devenait importun. Tala l'appelait son double animal. Elle broutait l'herbe, de même qu'elle se plaisait à partager les fruits que les patients apportaient en offrande.

Puis cette scène : un enfant lui avait tendu une pomme de terre, tirée d'une marmite de viande. Elle s'était élancée, l'avait chargé sans ménagement. Tala expliqua alors qu'on ne donne pas de viande à un herbivore. Cela le rend malade et éveille en lui des instincts violents.

Je revois cette énorme bête, gorgée à plein, comme une abeille, presque ivre de joie végétale et de sensations élémentaires. J'eus alors la certitude que nous ignorions tout de la chèvre et que dans ses yeux s'inscrivait un monde infiniment plus vaste que l'ordinaire. Devant elle, mieux que devant un humain, je me sentais en harmonie avec la terre. Je m'emplissais de ses odeurs végétales et il me semblait que mon cœur se dilatait aux dimensions du cosmos lui-même.

Voilà ce qui me semblait, ce qui n'était possible qu'avec les chèvres. Tala et son double cheminaient côte à côte, comme obstinés, à la poursuite d'un songe, se retrouvant miraculeusement comme des amoureux sur une île. Je n'accédais pas à leur langage, je ne comprenais ni leurs signes, ni leurs gestes. En compagnie de la chèvre, Tala se mettait en retrait du monde des humains, en même temps que ce monde-là se retirait d'elle. Elle s'absentait des choses et parvenait, comme une somnambule-funambule, à entrer en communication avec l'autre monde caché dans celui-ci.

Je comprends à présent pourquoi la féticheuse recommandait aux parturientes de donner du lait de chèvre et non de vache à leurs enfants. Je comprends aussi pourquoi elle donnait aux malades un peu de lait de chèvre mélangé aux décoctions médicinales. Si cette chèvre était devenue la confidente de la féticheuse, si elle veillait aussi bien sur elle que sur tous les enfants de la cour, c'est bien parce qu'elle était fille du soleil, celle dont les oreilles extrêmement attentives, érectiles, mobiles, sauvages, étaient à l'écoute.

Aux côtés de la chèvre Tala pouvait enfin voir les êtres au-dedans d'eux, les saisir selon leurs profondeurs et selon la pesanteur de leurs intentions. Alors qu'elle nous faisait entrer dans la nuit, les yeux ouverts, dans l'obscurité surtout, elle nous accordait à nous-mêmes, en même temps, sens et esprit, dans la vigilance des âmes alentour, enveloppantes et dominantes. Elle s'infiltrait en nous, comme par un trou de souris, inaperçue de quiconque, dans l'espace fermé de notre corps, où seuls accédaient les êtres décantés d'eux-mêmes.

Si Tala a choisi une chèvre pour l'assister, une chèvre et non pas un homme, c'est que cet animal nous sauve du désastre, comme le dieu japonais Izanagi nous sauve du désastre, comme Orphée, comme Ulysse, comme Jésus, comme Dante. Lorsque la chèvre meurt, une autre la remplace. Lorsque la chèvre meurt, elle est encore en vie.

Ce qui se prépare dans un cours, dans l'échange entre l'enseignant et l'élève, n'est pas un rite ordinaire. Ce qui s'accomplit au cœur de celui qui apprend est une fête sans précédent. Les initiations les plus occultes ne sont que mièvreries en comparaison de cet échange fructueux. J'y reviendrai. Mais il me faut d'abord parler du questionnement philosophique au cœur du métier parce qu'il est une expérience fondamentale. Au début, il ne s'agit que de tentatives, de tâtonnements, de maladresses, comme lorsque l'on s'exerce aux premières gammes, on peut s'arrêter, reprendre, répéter jusqu'à épuisement le déroulement d'une séquence. Il n'en est pas de même pour la pensée qui est une conquête absorbante, car même dans une vie que j'imaginais aussi hésitante que la mienne, penser n'est pas un acte banal.

Les échecs sont plus nombreux que les grains de sable du désert, les tentatives échouées plus variées que la multitude des plantes et des animaux. Ces échecs et tentatives échouées peuvent parfois dissuader de part et d'autre, du côté de l'enseignant comme de celui de l'élève, d'entreprendre. Et pourtant, tomber deux, se relever trois... Si l'échec semble semer les grains, c'est la réussite qui récolte la vraie moisson.

J'ai compris l'urgence de la transmission au contact de cette femme qui n'est même pas allée à l'école. Jusqu'ici j'étais dans un pur et simple gaspillage d'énergie. Je dépensais toute ma force dans le vide, alors que je pouvais la cumuler pour, plus tard, la réserver. La première chose est de ne pas perdre beaucoup de temps à briller devant ses élèves en s'adonnant à d'inutiles exercices d'éloquence. Il est tellement facile d'impressionner de jeunes adolescents qui ne connaissent rien de la vie. Cela peut même aller jusqu'à leur faire perdre le goût d'apprendre. Tradition. Je le dis au sens le plus pur du terme. Transmission. Creuser, creuser dedans si on le peut, enfoncer l'autre dans son secret, plus loin, toujours plus loin, plus étroitement, plus amoureusement encore car c'est de cela qu'il s'agit. Pour transmettre, il faut aimer.

Enseigner est une autre affaire. C'est apprendre ensemble à découvrir le paysage familier de la terre natale, avec la certitude de participer à la nature profonde de chacun et de solliciter son perfectionnement. L'enseignant est un auteur. Il augmente l'autre en imprimant sur lui sa marque, il fait grandir en faisant découvrir les territoires enfouis. Il libère.

Mais il est aussi le seul à pouvoir commettre le crime parfait. Vous vous demandez comment? Un homme mort est celui qui n'est plus capable de penser par lui-même, d'exercer en lui la longue série des étapes par lesquelles on devient enfin soi-même. Si le professeur se contente de répondre aux questions, il commet le meurtre parfait. Puissance de création, puissance de destruction aussi.

Il doit au contraire susciter l'étonnement et amener son élève à comprendre que c'est en soi-même que se trouve la réponse, dès lors qu'on a compris que l'essentiel est le chemin et non le but. Lorsque les mots sont justes, lorsque l'enseignant cède la parole, alors l'enfant rentre dans la pensée comme le berger dans la steppe, comme le pêcheur solitaire sur la mer. Comme on retourne au pays natal. Enseigner, c'est aider à trouver son lieu, qui gît là, à portée, mais sans nom, sans forme et auquel il faut donner consistance. Et c'est tout. Voilà ce qu'il en est du génie de la transmission.

Corps et âme alors se rejoignent, parole et pensée s'épousent, comme le fait un aveugle qui par le seul contact avec le monde a la certitude de s'accorder avec lui. Le bon enseignant, comme le maître de cérémonie lors d'une initiation, revient sans cesse au même endroit, sans épisode nouveau en apparence, mais dans une progression ordinaire.

Il imprime le rythme à la cérémonie, retire le voile qui dissimule le monde au regard. Il est facile de communiquer une réalité comme *joie*. La joie, c'est ce moment où toute dualité s'abolit, où le dehors et le dedans, le moi et l'autre, le passé et l'avenir s'unissent dans la plus grande des simplicités. La joie, c'est le moment où le cœur se libère, où il est épuré de toutes scories et pesanteurs pour enfin recevoir la consolation. La lumière de la joie est la seule apte à faire tomber les oripeaux qui encombrent le corps et l'esprit.

L'élève alors s'anime, un souffle ténu sort de sa bouche, une question accepte d'être posée. Il découvre qu'il n'y a pas de mots indéfinissables, qu'il n'y a pas de pensée inaccessible, seulement un nœud de forces vitales. Là est la joie et non le bonheur. Tala m'a appris que la joie est à portée de l'humain mais se situe bien au-delà d'un quelconque état de bonheur. Elle est dans la prise en charge du poids du monde, dans l'extrême exigence de dignité, de compassion, de sens de la justice, ainsi que dans la totale ouverture au sacré.

Si le bonheur est humain, la joie est divine.

— Tu ne peux toujours pas te passer de ton téléphone ?

— Si, justement, j'envoie un sms pour ne pas avoir à appeler...

— Quelle différence entre un sms et l'appel ?

— C'est un message court ! Cela évite de dépenser de l'argent et du temps. Tout le monde fait ça aujourd'hui, ça fait partie de la mondialisation.

— Voilà que le monde entier est malade, la parole a été perdue. Plutôt que de la rechercher, vous trouvez encore le moyen de vous en éloigner davantage avec les sms. Les âmes proches n'ont pas besoin de sms, il suffit de savoir réellement ce que l'on veut et à qui l'on veut s'adresser et le message parvient sans effort. Vous êtes devenus des corps que l'esprit a désertés. Il y a quelque chose de désastreux dans le fait de ne plus pouvoir communiquer d'âme à âme. Vous êtes dans la demi-parole. Le vide ne peut communiquer que le vide. Lorsque l'âme est pleine, sa parole se diffuse et irradie par-delà les mots. Une âme qui communie avec d'autres âmes tisse un réseau comme le vent invisible soulève les feuilles. As-tu déjà vu le parfum des pétales de rose ?

— Non ! Comment peut-on voir un parfum ?

— Tu ne parles qu'en termes d'être vu ou ne pas être vu ! La rose n'a pas besoin d'être vue, son parfum suffit. Ce qui est important pour la rose l'est aussi pour l'échange entre les âmes. Il faut accueillir et non cueillir. La rose dans son parfum donne plus que ce qu'elle donne à voir d'elle. Elle n'accède à sa signature qu'à travers son parfum qui contient son germe, son commencement, son éternité. Ce parfum est comme une onde qui se propage dans un espace sans limites. Ce que tu retiendras de la rose, c'est l'enfouissement de son parfum en toi. Ah ! Je me souviens maintenant, quelqu'un m'a dit récemment lors d'une consultation, ici même, que vos roses n'ont plus de parfum. Il en est de même pour vos paroles.

— Tala, tu veux me dire que nous sommes comme des roses dépourvues de parfum ?

Tala éclate de rire et poursuit :

— Tu comprends peu à peu... L'éclat de la chair doit révéler celui de l'esprit. La chair n'est éclatante que si elle est travaillée de l'intérieur par un esprit éclatant. Si les pétales d'une rose tombent au sol, il persiste toujours leur invisible parfum qui manifeste leur essence. On n'est plus dans les apparences de tes... s, je ne sais plus... sms. Parler doit être un geste d'offrande. Celui qui parle ne doit pas se soucier de lui-même, il ne doit pas être dans le désir d'être vu. Celui qui est pleinement lui-même est comme une rose qui voyage entre sol et air, entre terre et ciel et qui va de l'intérieur à l'extérieur, entre lui-même et les autres, sans se soucier de son image ni du désir d'être vu. Apprends donc à méditer mes paroles. Apprends à envoyer des messages sans passer par ton téléphone. Au début, il y aura beaucoup d'échecs, mais si tu persévères, tu parviendras à un contenu plus complexe, plus subtil, parce que tu enverras un message pur. Les mots que tu enverras alors révéleront l'esprit, alors que ceux de ton téléphone sont le reflet d'une chair triste.

— Tu as raison, Tala, je vais procéder comme tu le suggères. C'est vrai qu'on est embêté lorsque le téléphone beugue, lorsqu'il n'y a pas de réseau ou qu'il tombe en panne. On ne peut plus communiquer.

Tala sourit.

— Apprends donc à retrouver la vraie parole qui est comme le parfum des fleurs, elle va de proche en proche jusqu'au plus lointain sans jamais disparaître, la vraie parole est un chant durable.

Une femme était venue voir Tala. Sa famille traversait des moments de misères, de violences aveugles, de catastrophes naturelles depuis des générations. Ils en étaient à régler leurs comptes à coups de machette. Pour cette fois, il s'agissait de l'impossible répartition de l'héritage après la mort du patriarche. Le partage des terres n'était pas un jeu. C'était un drame. Une guerre. La terre en Afrique est comme un être dont on hérite. Cela, il faut le comprendre sans quoi cette histoire de partage n'aurait aucun sens ; aucun sens non plus cette querelle qui fit de cette famille un champ de bataille. La femme affirmait que l'on avait jeté un sort puissant sur sa famille qui s'était transformée en papier tue-mouches. Il suffisait de traverser le village pour compter les cadavres dus à la malédiction.

Elle ne cessait de pleurer. Elle ne pouvait s'arrêter de pleurer, elle en avait le visage huileux. Elle était à peine arrivée, elle racontait à peine son histoire que ses frères et ses sœurs débarquèrent comme un jet de graisse. Ça criaillait, ça bousculait en tous sens, ça ressemblait à un sacré mauvais rêve.

Brutalement, il s'était mis à pleuvoir. Les sanglots étouffaient jusqu'au bruit des gouttes de pluie. Les gens qui les observaient dans la cour avaient la peau cramoisie de honte. Ça tapait fort. Ça puait la violence. Moi je n'ouvrais pas les yeux. Plus mon regard renonçait à regarder, mieux je voyais cette scène. Le spectacle, qui dépassait toute attente possible, provoquait chez Tala une sorte de transe ou de commotion. Je sentais son ombre envelopper les zones les plus reculées de mon corps. Elle se penchait, se penchait. Moi, je me précipitais dans mon angoisse. Tout ce qui avait lieu en moi dépendait si peu de moi. J'avais connu des gens qui s'étaient battus pour un héritage, j'en connaissais qui se battaient encore, s'étripaient même. Mais je n'avais jamais vu une telle colère, brutale, sauvage, nue, qui jaillissait comme une coulée de graisse chaude.

La féticheuse s'approcha. Elle se pencha comme sous le poids de son sourire. Ils n'étaient qu'à un pas d'elle. Ça cognait de nouveau fort. Le sang jaillissait, les coups se décochaient, certains trébuchaient sur les pierres de la cour, d'autres bondissaient comme des chats. Les mots n'étaient plus de mise. Je me gardais bien d'ouvrir les yeux : je vis Tala attraper une pipe en os avec un tel calme, l'allumer, aspirer la fumée comme si c'était de l'air, puis dire :

— Assez !

À l'instant, le calme se fit. Sous son sourire bienveillant, elle poursuivit :

— Vous pouvez encore vous battre si vous le souhaitez et on verra si la violence n'a jamais réglé aucun problème.

Elle laissa échapper un filet de fumée :

— Maintenant que vous avez cessé de vous battre, le partage des terres a-t-il été fait ? Ce que vous montrez ici n'est que le résultat de ce qui couve à l'intérieur de vous. Vos âmes sont réduites à une mer de désolation, de même que l'ont été celles de vos parents, de vos grands-parents et de tous ceux qui les ont précédés.

Elle s'interrompit, se pencha sous la pluie qui tombait sur elle.

— Regardez-moi, regardez bien, vous êtes comme moi à présent, courbés par le poids de votre histoire.

En se relevant, elle posa la main sur l'épaule de l'aîné de la famille, l'homme le plus virulent qui se mit à vaciller en s'appuyant sur elle. La pluie avait recommencé à tomber, plus drue. En peu de temps, la cour baigna dans un tourbillon d'eau et des trombes se fracassaient vers le bas du village.

— De même que la nature sait se débarrasser de son surplus, il faudra que vous appreniez à vous libérer du poids de vos colères.

Elle les fit asseoir à même le sol, dans la boue, comme s'ils avaient mouillé leur froc devant toute l'assemblée.

— Ce n'est pas pour vous humilier, c'est pour vous relever de votre souillure. Plus vous accepterez de vous rabaisser, plus vous vous élèverez et élèverez votre cœur au-dessus de vous-mêmes et des autres. Ce soir, vous serez enterrés vivants pour vous réconcilier avec la terre de vos ancêtres.

À ce moment même, le ciel se mit à gronder, cet orage en cachait un autre, comme si la nature elle-même approuvait ce qui venait de se dire. Sur ces sentiers gorgés d'eau et de boue, on sentait bien que ces gens n'étaient pas poussés par leurs seuls actes, mais par quelque chose qui, semble-t-il, toujours, attend quelque part et toujours reste voilé.

— Vous serez lavés jusqu'à la dernière tache, celle que vous cachez au plus profond de votre cœur. Mais rien ne se fera sans vous.

Puis elle murmura quelque chose de si doux que seul le plus petit des insectes pouvait l'entendre.

Le ciel s'était remis à gronder. L'orage n'était pas terminé. En fait il n'avait pas encore commencé. Ma chair quittait mes os et mon âme errait à la recherche d'une demeure tranquille. Je me disais que tout ce qui s'était produit là n'était que pur et simple gaspillage d'énergie, que toute cette force se dépensait dans le vide. Une voix murmurait en moi, et ce ne pouvait être que la mienne : *laisse parler le corps...*

Cet ordre ou ce conseil, cette sentence plutôt, pouvait paraître complètement déplacé. *Laisse parler le corps...* Ce n'est pas le fait de ce qui s'était passé dans la cour, ces voix qui se confondaient avec le bruit de l'orage. *Le corps parle,* il fait des discours, il place les mots au bon endroit, il chante des chansons, il donne la mesure de ce qui se passe à l'intérieur. C'est à peu près ce que j'avais compris, que j'entendais dans le bruissement au fond de mes oreilles, au fond de mon crâne.

La scène m'invitait sans doute à écouter monter en moi la rumeur des choses qui se sont tues. Voici ce que j'entendais : une vague musique, une vague voix, le corps ne se raconte pas d'histoires, il ne récite pas sa leçon, il dit ce qui se passe à l'intérieur. L'âme se lit par le corps. Quand elle triche, le corps est encore là qui dit la vérité.

Les maladies sont autant de masques pour les tensions de l'âme. Celui qui remet de l'ordre en lui, qui est dans la paix et la sérénité, ignore toute maladie. Je me répétais cela qui n'était pas qu'une simple fantaisie de rêveur éveillé. C'est Tala elle-même qui parlait en moi.

Il m'avait fallu trop de nuits blanches pour que je comprenne. Combien de fois m'étais-je égaré dans d'inutiles émotions ? Combien de fois avais-je confondu l'essentiel avec l'accessoire en accordant du prix à ce qui n'en valait pas la peine ? Il aura donc fallu cette scène, ce cataclysme en moi, cette secousse pour me réveiller, pour que tout ce que je cachais de mensonges en moi se révèle au grand jour. Il est vrai que l'on peut se mentir à soi-même aussi facilement que l'on ment aux autres. Ce n'est que progressivement, après des veilles de plus en plus blanches à méditer, que j'accédai à l'état de transparence qu'on appelle la vérité. Cela désigne tout à la fois la sensation nouvelle d'une intimité intérieure de mon corps avec mon âme et la restauration en moi d'un nouveau royaume, fait de continents et de montagnes, de vagues et de rochers. Être soi-même, c'est retrouver la nature perdue.

Je revois Tala donner des ordres à Otabla, son second, pour creuser sept tombes. Elle qui ne savait pas compter au-delà de quatre, psalmodiait : « Un, deux, trois, beaucoup »... Je la revois murmurer des secrets à sa chèvre qui allait et venait lui apporter les grains de poussière que soulevait la pelle d'Otabla. Je l'entends battre le rappel des chants, des silences. Au petit matin, elle avait invité les sept membres de la famille bagarreuse à s'allonger nus dans les galeries de terre. Elle avait refermé la tourbe et l'argile sur eux. Elle y avait mis le feu, activé par la fumée âcre des noix de palmistes. Le village avait dansé autour, cela avait duré une heure, deux heures, trois heures peut-être.

Je ne pourrai traduire les sensations que brassait alors ma chair, au plus inouï d'elle-même, devant ces prières qui faisaient accéder à une magique présence. On était entre la nuit et le jour, les chants soutenaient et animaient le mouvement des tam-tams, par lequel la terre m'associait à sa lenteur, à sa douceur et à sa vastitude. L'odeur se faisait de plus en plus forte. Tala parlait dans une langue inconnue et sa parole se fixait en moi et se creusait en abîme. Était-ce la répétition des mêmes syllabes et de la même musique dans la continuité du temps qui me donnait le sentiment de comprendre, moi qui avais eu longtemps besoin d'un traducteur, ou bien tout simplement la vérité à même les choses et les êtres ? Je l'entendis qui disait que tout était dans la nature, qu'il suffisait de la retrouver pour guérir de tous les maux, que les parfums qui se dégageaient à présent purifiaient l'âme de ceux qui étaient enterrés et de ceux qui les entouraient, que les odeurs avaient un sens, qu'elles aidaient à retrouver le passé enfoui, car chaque odeur, chaque parfum porte en lui l'édifice immense du souvenir.

Une heure, deux heures, trois heures, beaucoup... Elle demanda à Otabla de déterrer les morts. Mon ignorance était grande et ma curiosité immense. Je me demandais dans quel état seraient ceux qui, sous terre, avaient passé plusieurs heures, enveloppés d'argile et de tourbe. Tala s'était tournée vers moi comme à son habitude. Elle avait donc lu à même mon âme. Ils étaient bien là, debout, au milieu de cette fumée que l'on attisait mais qui devenait douce car on y ajoutait des feuilles mortes de laurier et des branches de lavande et d'acacia.

Visiblement, la fumée passait de la périphérie des corps jusqu'au centre le plus obscur, dans le lieu parfaitement enfoui de toutes les naissances. Tala disait que les parfums avaient le pouvoir d'accéder aux zones secrètes de l'être.

Et je me disais que là, c'était la vie elle-même qui devait les rejoindre, à l'heure où les dernières étoiles chaviraient dans le ciel, à l'heure qui n'appartenait ni au sommeil ni à l'éveil.

Tala murmura quelque chose qui ressemblait à peu près à ceci : *Les parfums sont une des clés d'ivoire qui ouvrent l'immense édifice de la mémoire.* Elle leur banda les yeux et leur fit renifler, à l'aveugle, ces odeurs. Je vis des larmes couler derrière les bandeaux.

Ici on ne dit pas bonjour... On salue en silence les morts qui font signe en nous.

— Comment est ta paix intérieure?

— Je ne sais pas...

— Comment est ta paix intérieure?

— C'est une drôle de question! Que veux-tu que je réponde? Et comment puis-je la mesurer?

— Un être humain est comme une calebasse qui n'est pas cassée, à laquelle il ne manque rien. Lorsque la calebasse est complète, elle ressemble à un homme, une femme en paix. On est en paix dans sa tête, on est en paix dans son corps, on est en paix avec les autres. Si la tête est en paix, sans le corps, sans les autres, alors il s'agit d'une paix partielle. S'il y a trop de bruits dans la tête, de maladies dans le corps et des conflits avec les autres, alors la paix est absente. Nous ne sommes et ne devenons des êtres de paix que dans notre rapport à ces trois situations. Cela nourrit l'orgueil autant que la modestie. Un être humain est comme une calebasse. Avant de se prononcer, il faut toujours vérifier en soi-même s'il ne nous manque rien.

— C'est donc pour cela que vous ne dites jamais bonjour...

— Oui, tu commences à comprendre...

— Est-ce que c'est cela l'animisme? C'est du moins ce que j'ai cru comprendre au fur et à mesure de mes voyages ici.

Tala sourit.

— Qu'est-ce que ce mot « animisme »?

— Lorsque les philosophes parlent d'animisme, ils entendent cette façon qui consiste à donner une âme à toute chose qui existe. Par exemple, tu viens de comparer l'être humain à une calebasse.

— Il y a encore chez toi, comme chez les philosophes, un point aveugle qui fait que bien que tout ait déjà été dit, tout reste encore à dire... À trop penser, à dissocier ces moments où la chair et l'esprit ne se dissocient pas, vous restez dans les grands discours que vous-mêmes ne comprenez pas.

— Peux-tu m'expliquer cela?

— Qu'est-ce qui te différencie de l'arbre, du ver de terre, du criquet ou de la chèvre qui m'accompagne?

— C'est que je pense.

— Mais encore...

— Euh...

— Est-ce un privilège de penser?

— Je crois que oui. La pensée nous place au-dessus des autres vivants.

— Tu crois vraiment qu'il suffit de penser pour être au-dessus? N'oublie pas que l'arbre, lui, renaît chaque année après l'hiver et que toi, tu es condamné à mourir... Tu aurais donc oublié quelque chose d'essentiel : vivre. Vous parlez sans cesse de la vie sans comprendre de quoi il s'agit. La vie a toujours été donnée avant même qu'on ne sache ce qu'elle est. Mais vous n'y accédez pas car vous pensez trop, le bruit que la pensée fait en vous vous rend aveugles et sourds.

Tala s'arrêta et sourit :

— À force de penser, vous ne pouvez plus voir les points

de repère dans la nature, vous ne savez plus vous rendre compte clairement et distinctement de ce que vous cherchez. Vous êtes comme l'ivrogne qui titube dans la nuit. Vous, les penseurs, vous ne savez pas trop où vous allez, vous titubez, la tête dans les étoiles. Apprends donc à revenir à la terre. Apprends à être humble. Ce que tu as en commun avec l'arbre, le ver de terre, le criquet ou la chèvre qui m'accompagne, c'est la vie. Lorsque tu auras compris cela, tu ne te croiras plus au-dessus des autres êtres. Tu deviendras arbre parmi les arbres, ver de terre parmi les vers de terre, chèvre dans un troupeau. Tu comprendras sans efforts ce que raconte la sève de l'arbre, ce que suggèrent le ver de terre et le sens du souffle de la chèvre dans le vent. Si tu coupes encore aujourd'hui les arbres, si tu piétines le ver de terre et tranches sans discernement la tête de la chèvre, c'est que tu n'as pas compris ce qu'est la vraie vie.

« Assieds-toi. Pose tes deux mains sur ton ventre. Bien à plat. La main droite sur la gauche. Respire. Prends ton temps. Respire encore.

Tala respira comme pour indiquer le geste juste.

— Comment veux-tu vivre si tu ne sais même pas respirer ? Et ce n'est pas la philosophie qui va t'aider. Puisque tu respires mal, écoute ceci : cesse de respirer par ta poitrine et apprends à respirer par le ventre. En inspirant, remplis ton ventre et non ta poitrine. Expire tranquillement. Recommence. Comment te sens-tu ?

— J'ai chaud et cela me fait du bien.

— Ce n'est pas ta philosophie qui t'aide. Tu as oublié les choses simples, comme respirer, regarder, toucher ou manger...

— Je crois comprendre...

— Il ne s'agit pas de comprendre mais de le vivre.

— Si je comprends bien, l'animisme permet de vivre mieux.

— Non, il permet de vivre, simplement, sans avoir autre chose à faire que vivre.

— Ah ! Ce n'est donc pas une religion. Ce n'est pas une philosophie non plus.

— Tu t'égares encore dans les mots. Ce que je t'enseigne est plus simple. Il s'agit d'apprendre à vivre dans notre monde si agité. J'éveille tout ton être. Mais rien ne peut être fait sans ton concours. À toi d'apprivoiser ton corps, de réapprendre, par exemple, à respirer, à regarder, à te dessaisir de la volonté de tout comprendre. Ce n'est ni une affaire de religion ni une philosophie. Tu apprendras ainsi à oublier le temps.

— Je crois que finalement tout vient de l'animisme puisqu'il nous invite à retrouver l'aspect essentiel des choses. Tu vois, Tala, maintenant j'ai compris que c'est la nature qui humanise l'homme. Si nous sommes devenus ce que nous sommes, c'est grâce aux arbres. Ils nous apprennent à nous tenir droits, à lever la tête vers le ciel, à développer notre corps à force de grimper.

— Je ne sais pas ce que cela veut dire mais je sens que tu es sur la bonne voie. D'abord, apprends à habiter ton propre corps et pour cela écoute la nature qui te parle et qui parle en toi.

Tala sourit.

— Comment est ta paix intérieure ?

— Pour l'instant je m'éveille à la vie.

L'avais-je rêvée cette scène ou l'avais-je réellement vécue ?

Mardi matin, la cour était pleine d'hommes qui attendaient de consulter. On parlait alors de la « consultation des hommes ». Certains venaient se faire soigner, car ils ne parvenaient pas à honorer leur femme, d'autres estimaient que leur sexe était trop petit. Ce jour-là, Tala m'avait invité à rejoindre le groupe des seconds, situation étrange, même dans la familiarité de la relation avec mon corps depuis que je côtoyais Tala, de découvrir, en toute lucidité d'esprit, que toute ma pudeur pouvait se trouver concentrée sur cette petite partie de l'être si dépourvue d'expression qu'est le sexe. Dans mon éducation religieuse, celui-ci incarnait, en lui-même, une sorte d'îlot d'impureté.

Nous étions nus devant cette femme. Elle avait pris mon sexe dans sa main, l'avait frotté d'onguent, puis avait invité chacun à aller se purger avec une décoction de l'arbre « sexe d'éléphant ». Étrange tout de même cette métamorphose visible du corps. Nous étions revenus nous montrer à la féticheuse. Son petit sourire était comme une question, à laquelle je ne sentais venir, de moi, nulle réponse, car j'étais nu et seul devant une énigme que je ne pouvais même pas formuler et dont je savais seulement que la signification ne pouvait être cherchée que dans le rapport qui liait chacun à sa différence. Nous étions restés longtemps debout, immobiles, taciturnes, plus perdus qu'au seuil de Thèbes.

Une certaine pensée, qui me fuyait à mesure que je m'enfonçais parmi les mots, cherchait en moi. Je ne parvenais pas, par ailleurs, à lever mon regard vers le visage de la féticheuse. Pas plus que je pouvais regarder les autres hommes à mes côtés, tellement nos rapports étaient devenus brusquement si inhumains qu'il n'y avait rien à attendre des possibilités de nos physionomies. Pour le dire plus simplement, je me demandais pourquoi Tala m'avait associé à ce groupe travaillé dans toute sa pâte par une hilarité sans mesure et qui s'agitait en une foire grotesque où le sexe était comme proposé sur le marché. Ce n'est que plus tard que je compris que Tala voulait me faire comprendre que je n'étais pas encore tout à fait réconcilié avec moi-même.

J'avais toujours été un être de fuite, plus épris du détour que du but; Tala s'imposait à moi comme une formidable puissance de réconciliation avec moi-même, celle qui me tendait le miroir de ma propre altérité. Elle était la femme de l'unité, alors que j'étais le témoin de la diversité.

— De même qu'il n'y a pas de lune sans soleil, de même le soleil ne brille que parce que sa lumière est réfléchie par la lune. Peut-être arriveras-tu un jour à un tel niveau de dépouillement qu'on puisse voir le couronnement de la nature en toi. Pour cela, il faudra accepter que la nature soit reine et non toi.

Je revois Tala au petit matin. Elle avait travaillé toute la nuit à cet endroit où fourmillent douleurs et cris. Il avait plu. Elle s'était levée, avait marché dans la glaise rouge. Elle s'était arrêtée devant un baobab aux racines noueuses enfoncées dans la terre. Elle l'avait enlacé, longuement, en silence. Ses épaules, son sternum se tordaient et s'enroulaient à l'arbre, comme si elle était parcourue par une onde, par sa sève même. On la voyait grandir, la petite femme, grandir jusqu'à ce que ses bras frissonnent comme les branches, comme si ses mains devenaient les veines de l'arbre millénaire, serties de petites clochettes où les oiseaux et les écureuils pouvaient picorer. Elle était devenue arbre. L'arbre était devenu Tala.

Cela dura un certain temps. Elle se mit à genoux, supplia que sa main ne recueille que la quantité d'écorces de baobab nécessaire à ses soins. Plantés au sol, ses pieds mêmes, ses jambes étaient comme les vrilles d'une vigne se déroulant à même la terre. Son corps s'effilait, s'élongeait, comme parcouru d'une onde aérienne de flamboyants. Ses fesses hautes ondulaient en rythme au gré du vent. Tala entrait dans le secret des choses, son corps devenait un lien d'incandescence et de fermentation, qui coulait son nectar et se confondait avec la nature. Ses cheveux au doux parfum d'hibiscus vanillé attiraient les guêpes et les abeilles. Quelques coups de machette et elle avait prélevé exactement ce qui suffisait aux soins quotidiens.

Il y avait en moi une pensée fiévreuse plus ardente que les mots eux-mêmes. Je priais le ciel, je priais Tala de m'accorder les mots pour exprimer tout l'amour, toute la gratitude, l'admiration sans mesure qu'elle inspirait à mon cœur et qu'elle lui inspirera jusqu'à ce que la mort le fasse éclater. Ce que Tala était véritablement devenue, c'est à l'arbre, à l'oiseau, à l'abeille, à la guêpe qu'il fallait le demander.

Je devrais me garder de vous dire que l'on peut, que l'on doit saisir quelque chose des métamorphoses de Tala ; c'est seulement ce qui est en elle accessoire et sans valeur qui se laisse circonscrire par le langage. J'ai cru comprendre que l'on pratique d'autant plus facilement le silence que l'on est entré profondément dans les choses et les êtres. J'aurais beaucoup à dire sur les émotions suscitées par ces métamorphoses qui n'ont pas fini de laisser en moi leur imperceptible trace.

La nature nous a précédés. Les arbres, les rivières, les montagnes, les nuages et les insectes n'ont pas fini de nous étonner par leur mémoire ancestrale. Ils creuseront encore longtemps en nous leur expérience originelle, merveilleusement secrète, dont se privent tous ceux qui, par cécité ou par acharnement, coupent les arbres, dévient le lit des fleuves. Par ignorance, on en finit avec la nature comme on efface un tableau noir, parce que les signes qui le parcourent sont trop nombreux et leur persistance trop bouleversante pour être déchiffrée.

— Il est en tout et partout. Tu le sauras désormais. Il n'est pas dans le ciel comme l'affirme ta pensée. Il n'est pas au paradis, comme tu l'as appris au catéchisme. Il est en toute chose. Laisse les querelles concernant Dieu à ceux qui ont du temps à perdre. Dieu n'est ni affaire de religion ni de querelles d'hommes.

J'avais toujours éprouvé un malaise inexplicable à seulement prononcer le mot « religion », comme si je devais porter un jugement sur les affaires des hommes. Ce mot est très abstrait, me disais-je, alors que parler devrait nous servir de façon naturelle. Chaque mot qui sort de notre bouche contient l'ensemble de l'univers ; prenons donc garde à ne pas dire n'importe quoi. Le mot « religion », si beau, si doux, se décompose dans ma bouche, tel un champignon moisi. C'est du moins ce que les humains en ont fait. La religion n'est pas une quête de relation, nous en avons suffisamment. Il s'agit plutôt de ce moment de recueillement où l'âme se retrouve face à elle-même, dans le plus grand silence, comme ceux qui se lèvent tôt le matin savent être attentifs à la goutte de rosée sur la feuille de bananier par temps de pleine lune. La religion est la lumière qui se donne à la mémoire obscure de nos sensations, de nos émotions, sur le fond desquelles notre existence s'est construite.

— Je ne peux attendre que tu me comprennes sans un exemple et pardon, pardon pour la simplicité de mes références. C'est ainsi que je veux que l'on parle, simplement, car celui qui a compris parle avec simplicité. Simplicité signifie n'être qu'un seul pli. Si Dieu est en tout et partout, alors le papillon qui vole, l'herbe qui sèche au soleil, l'insecte que tu écrases de ton talon, le corps vermoulu d'un renard sur le chemin, le mendiant devant ta porte, la hutte à l'abandon, le vent chaud ou froid selon les saisons, tout cela peut devenir le réceptacle qui révèle la divinité. Il n'y a rien dans la nature, dans les choses visibles et dans les humains, où Dieu ne puisse pousser et drainer dans le moindre tissu les éléments dont il a besoin pour se rendre visible, pour continuer à créer. Il est dans chaque copeau, dans chaque grain de poussière, dans le présent du regard qui s'ouvre au monde. Dieu est caché dans la courbe de la colline qui éveille le souvenir des secrets enfouis dans la mémoire.

« Si l'on regarde bien, si l'on apprend à méditer devant chaque chose, devant chaque brin d'herbe, on sera capables de voir surgir et danser sous nos yeux les noces ignorées entre les choses, comme autant de magnifiques fontaines jaillissantes et semblables à des mèches d'or. Si l'on médite, si l'on écoute, si l'on s'écoute, on mènera une existence que l'on aura du mal à concevoir, tant elle diffère à peine de celle de son voisin. La même et différente. Le professeur qui, dit-on, enseigne l'entrée dans le monde de l'esprit voit sa vie se dérouler désormais sans une pensée, une vie qui n'est pourtant pas dénuée de joie ni d'enthousiasme.

« Aucun homme intelligent, aucun philosophe, aucun scientifique n'a pu donner de nom à cet état, car il n'en possède aucun et ne peut guère en recevoir. Ce que tu vivras naîtra en toi dans ces instants et t'emplira comme un vase débordant de vie. Alors tu comprendras que le brin d'herbe est le reflet de la terre et du ciel, qu'il est l'instant des retrouvailles avec soi et avec le monde et nous confirme notre appartenance au visible et à l'invisible. Si ton œil n'est plus capable de s'émerveiller devant les choses les plus simples, si la petite fibre qui te rattache au Dieu perdu dans l'herbe ne vibre plus, ton corps te le rappellera bien assez tôt. C'est ce que tu appelles la maladie.

« Dieu se tient à la racine du regard que tu portes au spectacle du monde, il apparaît lorsque le sentiment de la mort se mêle au vent et à la pluie, il est dans les dernières semaisons, dans les derniers fruits ramassés, dans la fumée des labours qui se mêle au brouillard du soir. Dieu est présent lorsque la vie reflue et se raréfie, pour se concentrer en ses points d'origine et de repos, dans la méditation d'où elle jaillira lorsque la roue aura tourné à son plus haut degré de renoncement.

— **N**os enfants ne nous appartiennent pas. L'enfant est couché dans l'herbe et attend le ventre dans lequel il élira domicile et la famille qui l'éduquera. Les femmes défilent, les hommes aussi. Il choisira un ventre, un seul. Certains tourneront définitivement le dos à tout corps. On dira donc que ces corps qui n'ont pas porté la vie sont stériles. Non, ils ne le sont pas, c'est une vue d'homme. Il y a toujours une bonne raison pour laquelle ces corps ne se sont pas incarnés.

« Je ne vais pas me garder de te dire que l'on ne doit, que l'on ne peut, d'une manière générale, presque absolument pas dire "mon enfant". L'enfant ne nous appartient pas. Je vais donc t'amener à fermer les yeux sur une grande différence dans notre façon de penser. Après avoir séjourné pendant neuf mois dans le ventre de celle qu'il a choisie, au moment de naître, un esprit frappe l'enfant au visage. Ce coup lui fait oublier père et mère. Il pleure de les quitter, de ne plus leur appartenir. Ce coup fait jaillir des assemblages de mots à travers les vagissements. L'enfant ressemble alors à la sombre pierre que l'on frappe, d'où jaillit une étincelle qui révèle les paysages de son âme, aussi immenses que le ciel étoilé. Ces paysages se prolongeront dans l'espace et dans le temps, tandis qu'en lui, dans le petit qui vient de naître, s'éveillera progressivement un sens au-delà de tous les sens.

« Le père, la mère, ce sont tous ceux que rencontrera l'enfant dans sa vie. Ce qu'est un enfant, un fils, une fille, quels mots voudraient l'exprimer, sinon ceux prononcés au moment où il reçoit ce coup qui lui ouvre définitivement l'esprit et lui fait oublier père et mère? La vie d'un enfant jusqu'à l'âge adulte est faite d'un millier d'instants qui la composent et d'où toute lumière jaillira et révélera ce qui n'a jamais été, ce qu'aucun parent n'aura jamais donné et qui composera les paysages de son âme, un paysage plus merveilleux que le paysage du ciel étoilé.

« Et tu oses prononcer les mots "mon enfant" ! Nos enfants ne nous appartiennent pas. Lorsque tu l'auras compris, alors tu les laisseras vivre leur vie. Ce n'est pas en toi qu'ils puisent leur énergie, ils la puisent tout entière dans la respiration la plus profonde de leur être, dans les visages rencontrés, dans les nuages, dans les astres, dans les cimes, dans les brises. Ne demande pas à l'enfant de vivre ta vie. Ne lui demande pas de devenir ce que tu n'as pas pu être. Que sa maladie ne soit pas ta mort. Et ne considère pas comme erreur ce qui ne convient pas à tes désirs.

« De la même façon que dans le ciel s'inscrivent des constellations, la constellation de l'angoisse s'inscrit dans le corps, dans le cœur même des parents. Dès que l'enfant naît, que de nuits sans sommeil ! L'angoisse, c'est d'abord une plaie noyée de sang, et c'est, en même temps, cette incapacité à entrer dans le monde même de l'enfant.

« Le monde de ton enfant n'est pas ton monde. L'enfant n'est pas un adulte en devenir. L'enfant est l'enfant. Et le parent doit faire l'effort de rentrer dans ce monde d'enfant. Les maladies doivent être combattues, soignées, mais pour les éviter, il faut d'abord accepter que l'enfant soit un enfant. Certaines de ces maladies sont le fait même de ce refus de lâcher prise quand on est parent. Il ne s'agit pas d'être indifférent à la vie de l'enfant, mais il faut savoir lâcher prise, comme l'aigle apprend à pousser l'aiglon hors du nid, pour qu'il soit prêt à voler et à vivre sa vie d'aigle. Sinon, ne soit pas étonné qu'ils développent toutes les maladies contemporaines qui font des migraines, des maux de ventre, en passant par la dépression et ce que la psychiatrie appelle la folie.

« Les parents envoient souvent leurs enfants à l'école pour la réussite non de la vie de l'enfant, mais de celle des parents. Il me faudrait, une fois de plus, et de multiples fois, me pencher sur cette parole souvent entendue : *Je veux que mon enfant réussisse.* On peut être allé à l'école et rater sa vie. Réussir sa vie ne se limite pas à obtenir un bon travail, enfin, ce que les parents jugent être un bon travail. Il n'y a pas de travail honteux. On peut aller à la chasse, à la cueillette, à la pêche. On peut construire des maisons, aller aux champs, s'occuper des enfants ou des troupeaux. On peut aussi écrire des livres comme certains... On peut même ne jamais avoir appris à lire et vivre une vie pleine qui consiste en des moments magnifiquement riches d'impressions, de sensations. On est présent à son cœur qui bat, à son corps qui se soulage, à la pénombre qui nous enveloppe, à la profondeur du silence qui semble respirer autour de nous, aux odeurs qui fluctuent, à la solitude ou à la plénitude de toute chose.

« Il n'y a plus de rivière entre ce que je suis réellement et ce que l'on voit de moi. Je suis disponible à moi-même et par là même je deviens disponible aux autres. Alors quelque chose se prépare, des rencontres qui, jusqu'alors, n'avaient été que des mots, surgissent soudain, avec une force, avec une évidence auxquelles on n'était pas préparés. C'est la fête avec les choses. C'est la fête avec les êtres. L'odeur la plus fétide devient parfum. L'être le plus misérable devient ton ami. L'objet le plus négligeable te devient nécessaire. Le cadavre le plus putride devient un corps glorieux.

« Réussir sa vie, c'est être capable de voir l'autre monde caché dans celui-ci. C'est donner rendez-vous aux morts qui ne sont pas morts. Ils se sont retirés pour nous faire signe, pour nous rappeler que nos yeux ne sont pas assez rincés pour les voir. Ils se sont retirés pour nous habituer à une autre forme d'amour, celui qui ne connaît pas la frontière des hommes, celui qui n'est pas limité par la masse de notre chair, celui qui est en dehors du temps ordinaire. Celui qui est éternel.

« Ferme les yeux. Imagine en toi un paysage de terres plates et de brumes. Entre en toi, retrouve la paix intérieure, écoute la petite musique qui joue tout au fond de toi. Ouvre les yeux. Regarde devant toi. Voici que dans le silence des mots, quelque chose émerge qui échappe à toute signification : tu vois jaillir des arbres, des colonnes, des tours, des pitons et au-dessus une mer apparaît et s'étend. Tu n'as pas rêvé. Tes mots même ne pèsent plus, ne disent plus, tes phrases perdent tout sens, ton esprit a lâché prise, tu deviens nature. Tu es capable de voir, de toucher, de sentir, de parler avec un ancêtre, un fils, une mère, un père, un ami qui sont de ce monde et que tu ne voyais plus.

« Tu es présent au monde. Tu es présent à toi. Voilà ce que c'est que réussir sa vie. Tu n'as plus de lourdeurs dans tes jambes, qui te faisaient sentir un sol gras sous tes pas. Tu as l'impression de flotter en sinuant dans le matin brumeux. Le poids de l'espace l'emporte sur celui de ton corps. Tu planes avec les aigles, tu cours avec les nuages. À présent, tu comprends sans efforts ce que disent les fleurs et les choses qui ne parlent pas.

« À partir d'aujourd'hui, tu ne seras plus capable de

détruire la nature sans te détruire toi-même. Le moindre insecte que tu écraseras sous tes pieds te rappellera que tu es peut-être en train d'écraser un ami, un père, une mère, une épouse, un enfant tôt parti et que tu étais encore en train de pleurer... Tu apprendras à écouter, à regarder. Et à force d'écouter et de regarder, tu finiras par voir et entendre. Tu auras changé ta vie. Tu auras gagné ta vie. Le reste importe peu.

Tala disait que la maladie était due à un passé que nous ne voulions pas quitter. Alors je lui demandai comment quitter son passé sans se mentir. Voici ce qu'elle me répondit :

— Il y avait un Sage qui s'était retrouvé dans une querelle. Cette famille se détestait de génération en génération et se transmettait la haine. Le sage se tourna vers l'un des membres de la famille : « Tu n'imagines pas tout le bien que l'autre dit de toi. » Un peu plus loin, il se rapprocha de l'autre : « Je suis bouleversé par les mots si tendres que ton frère a utilisés à ton encontre. » Une fois reparti, les deux frères se rapprochèrent et firent la paix.

Il n'y a pas de mensonge. Le Sage n'a fait que traduire les désirs profonds des uns et des autres. On ne peut pas effacer ce que l'on a fait. On peut le transcender dès lors qu'on a cessé d'être sourd à tout le reste. On répond enfin à un appel. Celui qui a eu le courage de se diriger devant un cours d'eau et d'y jeter toutes ses fautes a davantage de mérites que celui qui a fait le bien toute sa vie. Il a appris à dire : *Me voici !* Il a retrouvé l'humanité réelle en lui. Il sait au moins où il en est. Celui-là sera guéri de beaucoup de maladies.

J'interroge Tala. J'aimerais savoir quand s'achèvera mon initiation. Je lui raconte que Socrate a initié Platon qui a lui-même initié Aristote. Que chaque initiation connaît un terme, au moment où l'initiateur meurt d'avoir tout donné. Je me souviens que, Éric de Rosny, dans *Les yeux de ma chèvre*, raconte comment quelque temps après qu'on lui eut donné la lumière, le guérisseur s'était noyé dans le fleuve Wouri.

— Tu as dans ta mémoire un nombre incroyable de formules, de noms prêts à l'emploi, et tous te disent quelque chose. Mais ça ne parle qu'à toi. Je ne vais pas me garder de te dire que tes noms et tes formules ne me disent rien, purement rien du tout. Que de tout ce que tu as appris par cœur et qui est signé de ces mots, même la moindre poussière ne me satisfait d'aucune façon. C'est accessoire et sans valeur car tu ne le vis que dans les mots. Mieux quelqu'un sait parler, et plus fort est en lui l'illusion de penser, plus il est loin des commencements mêmes des chemins du vrai savoir.

« Tu n'as pas assez fermé les yeux sur une grande partie de toi qui t'empêche encore d'avancer. Il est facile de te flatter et te faire entendre ce que tu veux entendre. Celui qui entend mal se prive de la paix intérieure. L'initiation, c'est la vie elle-même. Tu n'es qu'au début du chemin. Tu es comme un fruit dont la peau, la chair n'ont pas encore assez pourri pour atteindre le noyau qui, lui-même, n'a pas assez pourri pour donner naissance à un arbre qui, lui-même, devra grandir, porter haut ses branches, ses feuilles, ses fleurs, avant de donner des fruits.

« L'initiation va de la périphérie au centre et du centre à la périphérie, de l'écorce au noyau et du noyau à l'écorce, comme les aigles dans le ciel vont d'ouest en est, d'est en ouest, du nord au sud et du sud au nord, de la terre au ciel et du ciel à la terre. Celui qui veut précipiter son initiation ressemble à des sculptures de bois que l'on assoit à l'entrée du chemin.

« Tu parles trop des faits et trop peu d'âme. Ce qui vient d'être dit explique pourquoi l'initié ressemble à une coupe d'apparence négligeable, mais qui recèle la richesse de son âme. Devant lui, les âmes indigentes ne voient presque rien. Tu sauras où tu en es avec ton initiation lorsque devant une pierre, un beau tissu, tu verras la vie elle-même. Si tu ignores encore la grâce d'être faible, comment pourras-tu reconnaître dans les choses simples les signes de la solitude, de l'humilité et de la force ?

« C'est seulement au prix d'affronter les embûches de l'existence, au prix des fatigues et de leurs abîmes, et des fatigues et de leur sommet que l'on parvient enfin à toucher l'ultime initiation. Mais n'oublie pas que le chemin est long... Tu me demandes de te dire ce que c'est que l'initiation. Je ne puis rien te raconter que la vie ne puisse t'apprendre. Ce qu'est le ciel, ce n'est surtout pas aux nuages qu'il faut le demander. Un jour, un instant, la mort dont tu as peur ne sera plus rien pour toi. Ton intelligence sera oubliée, tes yeux seront capables de voir à sa source ce qui se plie et se déplie sous le soleil. Tu ne demandes pas au maïs s'il est mûr ; et pourtant le semeur, d'un coup d'œil, reconnaît le degré de maturité dans son champ. Ne te soucie pas de toi, laisse le semeur prendre soin de son maïs.

« L'enfant que tu as été marche à côté de toi. L'existence est comme une marche dans une nuit qui se répète et qui ne finira jamais. En naissant, chaque enfant a déjà l'âge de ses ancêtres. Leurs maux, leur santé, les traits de leur visage, leurs défauts aussi, leurs qualités coulent dans nos veines et défient le temps. Qui n'a pas vu un enfant boiter parce que son arrière-grand-père avait une jambe plus courte que l'autre ? On a beau vouloir y échapper, on comprendra très vite que la vie prend toujours le dessus.

« Quoi que l'on fasse, il y aura toujours cet enfant à côté de toi dont il faut accepter la présence, comme nos lèvres respirent avec la lune. Nous sommes les héritiers d'une patiente et heureuse enfance qui passe de la bouche des ancêtres à notre cœur.

Ce jour où un couple était venu avec une petite fille qui ne dormait pas, qui ne tenait pas assise, qui ne regardait personne, alors qu'elle avait déjà cinq ans. À deux ans, à trois ans, à quatre ans, l'enfant avait souffert de douleurs surhumaines et son corps n'était vivant que par la force du cri qu'elle retenait. Comme saisie de vertige, elle tombait de son fauteuil, alors qu'elle était assise, avec ses contusions, ses luxations, longues à guérir et qui la faisaient durement souffrir. Pour les parents, la vie ordinaire avec ses activités simples, domestiques, devenait de plus en plus difficile à mener. Devant cette figure souffrante, torturée, ils mesuraient la totale inanité de leurs efforts et demandaient chaque jour à Dieu d'abréger leurs souffrances.

Les neurologues avaient diagnostiqué des troubles autistiques. Les parents étaient désemparés, épuisés. L'école n'acceptait plus l'enfant qui se faisait agresser et moquer. Ce jour-là, Tala les avaient longuement écoutés et avait souri :

— Vous avez certainement fait beaucoup de choses, mais l'essentiel vous a peut-être échappé.

Elle avait conduit l'enfant au fond de la cour, entre deux murs, et là, il lui avait suffi de tendre les bras pour que la fillette la regarde. Et pousse des cris d'émerveillement. Les parents n'en revenaient pas, eux qui depuis cinq ans ne parvenaient même pas à fixer son attention ; sans le savoir, ils avaient assisté à une action, à un geste qui les dépassait.

— Tu viens d'opérer un miracle, lancèrent-ils à la féticheuse.

— Ce n'est un miracle. J'ai juste fait ce que vous vivez dans votre cœur sans forcément le montrer.

— Que veux-tu dire ?

— La douleur vous étreint tellement que vous oubliez la clé de tout : l'amour. Il faut être patient. Tout doit passer par la première maison, le corps. Répéter, répéter encore. Y croire. Mimer chaque geste. Le répéter. Et alors il y aura ce déclic, car je viens de vous ouvrir la voie.

L'homme et la femme étaient repartis avec leur enfant.

Quelques années plus tard, ils étaient venus rendre grâce à Tala, sans leur adolescente. Ils étaient devenus vigilants depuis que la jeune fille, brillante, faisait des envieux au collège. Ils avaient plusieurs fois remanié leur récit, l'avaient embelli, l'avaient même idéalisé, avant de l'effacer complètement, de l'occulter comme si rien ne s'était passé.

— Te souviens-tu de nous ? Il y a cinq ans, tu nous as ouvert la voie et maintenant notre fille va rentrer au collège avec deux ans d'avance. Personne ne peut imaginer que cette enfant a un jour pu souffrir d'autisme. Elle apprend très vite et elle a non seulement rattrapé son retard, mais elle a devancé tout le monde. On se garde bien de reparler de ce triste passé. Elle-même a tout oublié et on ne veut plus en entendre parler.

— Alors, vous n'avez pas encore vraiment accepté votre enfant. Acceptez de l'aimer comme elle est, avec son passé. On n'efface pas le passé. L'amour le transforme.

Je repensai à Josef Schovanec, autiste Asperger célèbre, qui était venu parler à mes élèves au lycée et qui nous avait bouleversés avec ce conseil, cette sentence qui pouvait paraître complètement déplacée mais qui venait de l'intérieur, à l'instar de la petite voix de la féticheuse : « Il ne faut pas que l'école fasse de vous ce que vous n'êtes pas. On ne fera pas du violon un piano. Mais il faut que le violon sonne juste et que le piano sonne juste. Plutôt que de vouloir transformer l'enfant, il faut accepter d'entrer dans son monde. »

Longtemps, cette parole a été comme un viatique pour mes élèves et pour moi-même. Elle nous accompagnera encore comme la petite voix de l'enfance du monde.

Naturellement, l'enseignement de Tala n'avait de sens qu'à partir de ce que j'étais en train de devenir. Je n'avais plus le désir d'arriver. Mes pensées elles-mêmes, celles apprises dans les livres et dans les universités, devenaient obscures et douteuses derrière leurs airs de principes. Je savais qu'elles allaient bientôt paraître parfaitement limpides lorsque j'aurais bouclé mon initiation, à l'image du cercle dont chaque rayon diffuse une onde qui rappelle qu'en toute chose il y a un centre. Pour l'instant, je ne savais pas encore où était ce centre. Ma vie n'était encore qu'un acte de foi.

Comprendra-t-on qu'il faut nécessairement renoncer à la saveur des choses pour les retrouver, s'absenter des choses pour qu'elles reprennent leur droit, comme le petit enfant découvre l'intérêt de son vieux jouet une fois qu'il l'a égaré? Tala n'en voulait pas à mes savoirs, elle voulait simplement qu'ils déménagent de mon esprit pour s'installer dans mon corps même. Je parle de déménagement, mais le terme est impropre. Tala n'aurait jamais utilisé ce mot pour me faire comprendre les choses. Mon savoir n'était pas de moi. Il est de ceux qui eux-mêmes avaient passé leur temps à réfléchir et moi je me contentais de répéter comme un cacatoès, d'absorber leurs idées comme une éponge. Cela, je le faisais avec brio et passion. J'excellais dans mon application à dévorer et j'avais toujours aimé appartenir à cette dernière race de dévoreurs qui brillaient en toutes circonstances et en tous lieux.

Ce que Tala voulait, elle, c'était que je retrouve le centre, mon centre, d'où partiraient les rayons qui me permettraient d'accomplir des promesses plus anciennes que l'enfance elle-même et même que la naissance. Elle voulait, comme les petites barques des rivières qui se faufilaient au pied des roseaux, que je m'avance vers des horizons inédits. Elle avait compris, elle qui avait un œil en trop, en vérité, que je ne faisais que revenir au même point sans n'être jamais parti. Je ne faisais que me regarder sans m'être quitté. Je tournais en rond comme un poisson rouge dans un bocal. Il fallait donc que j'apprenne à déménager de moi-même.

La vraie vie est ailleurs, dit-on. Pour Tala, l'ailleurs ne serait-il pas partout ? Ne serait-il pas dans le passage entre les instants qui précèdent, ceux qui suivent, incertains, insuffisants, aléatoires, et qui requièrent patience, attention et persévérance ? Mais j'étais sur la voie. La féticheuse m'avait ouvert le chemin. J'avais appris à méditer les expériences que la vieille dame me proposait. Cela me plongeait dans un état de demi-sommeil, propice à des ouvertures essentielles que la raison elle-même ignorait ou n'était pas de taille à accueillir.

Combien de fois, dans cet état, m'étais-je découvert pétale, corolle, feuille, branche, fruit, arbre, tronc dressé vers le ciel ? La métaphore végétale ne suffirait peut-être pas à exprimer ce que je voudrais dire, bien qu'elle suggère tout ce qu'il est possible de rêver en silence, cet appétit aux détails de la nature, tels le vent, la pluie, le soleil. Les plantes ont cette capacité de plonger profondément à d'autres sources dont la terre qui nous porte n'offre parfois que des images imparfaites.

Après les attentats du 13 novembre 2015, dans le XIe arrondissement parisien, je suis retourné voir Tala.

J'étais bouleversé.

— Il y a eu un massacre à Paris.... Quatre-vingt-dix morts et des dizaines de blessés graves dans une salle de spectacle. La police a abattu les trois terroristes...

Tala croisa ses doigts. Elle eut un sursaut, une dressée, comme un point se haussant au-dessus de lui-même, comme la convulsion d'un relief en formation. Il y avait en elle un sourire qui ne souriait pas, une inflexion et l'expression sensible d'un désir bien décidé à entrer dans le vif :

— Ça s'est passé où, tu dis?

— À Paris, au Bataclan. Une salle de spectacle.

— Paris, c'est où?

— Ben, en France!

— Et la France, c'est où?

— En Europe....

— Ça veut dire quoi, l'Europe?

Son visage devint plus étrange que la lune, plus plantureux que la forêt de baobabs et de palétuviers, plus excessif que le soleil, et plus inabordable aussi, plus inhabitable que les déserts du Sahara ou les neiges de cette Europe dont elle ne savait rien, mais qui faisait régner déjà, dans mon esprit, comme des signes qu'il me faudrait un jour déchiffrer.

— Ça veut dire quoi l'Europe?

Au pied du mur, je me lançai :

— L'Europe, c'est tout de même le berceau de la civilisation. Toute la civilisation occidentale est née là. C'est elle qui nous a permis d'émerger de la barbarie en nous aidant à entrer dans la modernité.

Une fois de plus, le piège s'était refermé sur moi. Dans l'instant, il n'y avait rien à dire, puis il y eut ce moment de lucidité, une sorte d'éclair, comme d'une longue aiguille plantée dans mon âme. Au fur et à mesure de cet échange, nos regards communiquaient plus essentiellement que nos bouches, comme s'il s'agissait de deux systèmes d'expression fonctionnant chacun pour soi et ayant chacun sa propre vérité. Il y avait d'une part la vérité d'un savoir issu d'une tradition millénaire et de l'autre une intuition absolue inspirée par la nature.

Je représentais encore le discours de la raison alors que Tala était dans la vraie parole. La féticheuse me signifiait de son sourire que ce que nous vivions ensemble était tout et que tout le reste ne faisait qu'encombrer inutilement notre relation. La parole de Tala était en avance sur toutes les paroles et tandis que j'ahanais parmi les mots et les morts, essayant de formuler l'informulable : *l'Europe est entrée dans la sauvagerie de la civilisation*, son regard, son sourire exprimaient ce que je ne pouvais rejoindre par la pensée.

Ce que l'on fait prend le goût de ce que l'on est. Une sensation d'effroi dans tout le corps et voilà le poil qui se hérisse. Le sommeil n'est plus là. La gorge se serre. On est couvert de sueur des pieds à la tête, de la tête aux pieds. Et voici l'heure de pétrir la pâte pour les beignets. Elle lèvera mal. Les beignets n'auront pas grand goût. De même que la sauce n'aura pas la saveur des jours meilleurs. Nos états d'âme prolongent ce que l'on fait, comme un morceau de neige éternelle reste accolé au mont Cameroun. De même votre voix dit tout. Elle révèle votre état intérieur. Nos murmures traduisent avec une finesse exquise et précise nos émotions et nos pensées. Ils peuvent apaiser un chat, un rat, un enfant, un malade.

Tala était venue pour ouvrir en moi le passage des mots. Elle qui avait à la fois forme de femme et forme de barque, elle avait le don de pénétrer en chaque être comme la pointe d'une lame. Elle pouvait nous entraîner infailliblement dans la direction de ce qu'elle cherchait. Elle qui ne revendiquait aucune gloire était capable de crever sur la paille pour que les autres vivent. La mort pour elle n'était rien. La vie était née du souffle. La mort n'était autre que le retrait de ce souffle. Mais le plus important, c'est ce qui restait dans les mémoires. La célébration des instants ou d'un seul instant de communion universel lorsqu'on a le sentiment en partant qu'on s'est approché au plus près du noyau de la vie.

Certains morts continuent à hurler, alors que le dernier souffle les a quittés depuis longtemps. C'est qu'ils n'ont pas eu une belle mort. C'est qu'ils n'ont pas eu une belle vie. Une vie pieuse et douce, entourée de ceux qu'ils aiment. Alors le désir d'être embrassé laisse place à une douleur insupportable jusque dans l'agonie. Certains sont apaisés. On dirait que leur corps mort sourit. Ils sont dans le recueillement, comme s'ils s'étaient arrachés aux vives douleurs du monde. Alors ils ont fait l'expérience suprême de l'amour. Ceux-là ne sont pas morts. Ils vivent en chaque chose, chaque être, chaque brin d'herbe croisé au bord du chemin. Ils sont dans la lumière du crépuscule, dans le tamis des jours. Ils surgissent dans nos rêves. Ils sont dans le soleil déclinant et dans la montagne qui nous fait face. Ils sont dans la crête qui s'empourprera bientôt. C'est un moment de courte durée qu'il faut savoir saisir. Ils sont dans les couleurs de l'aube. Ils nous parlent. Sachons les écouter. Ils disent ce qu'ils font et ce que nous devons faire. Ils lisent la marche du monde. Ils abondent de toutes parts. Un regard seulement, un temps d'écoute et voilà que nous sommes capables à notre tour d'opérer des miracles, de soigner, d'apaiser, de calmer d'affreuses souffrances.

Je comprends à présent que la mort n'est pas un moment de deuil. Elle est dans le monde. Elle est le monde. Un jour viendra où il n'y aura plus de séparation entre ce monde et celui des morts. Vienne ce jour. Toute la vie s'y prépare. La mort n'est pas autre chose, du reste. Elle est vie. Elle est fête.

La vraie vie est ici. On peut l'entrevoir à l'épaisseur de la pluie encore gorgée du chant des passereaux. Et pour le vivre, il ne faut pas hausser la voix ni frapper du poing sur la table, ce qu'on fait souvent moins par conviction réelle que pour couvrir la rumeur de nos propres doutes. Nous croyons que le paradis est ailleurs. Dieu, on l'a logé dans le ciel, dans un lieu vide que toute une vie, quelquefois, on s'épuise à chercher. Dieu n'est pas ailleurs, il est ici, maintenant. Le Dieu dont je parle n'est ni celui de Zeus ni celui de Jéhovah, ni celui d'Allah, ni celui du Christ ou de Bouddha, c'est celui qui nous renvoie à nos incertitudes et qui nous réduit au silence. Le Dieu dont je parle est dans la plus grande simplicité, loin de poursuivre les explications et les oppositions, c'est celui qui réussit à illuminer de sa présence des moments quelconques d'existence quelconque.

Il est dans une floraison de signes discrets, témoignant d'un paradis possible ici et maintenant. Ces signes du Dieu perdu dans l'herbe, en dépit de leur fragilité, de leur insignifiance apparente, sont les vrais signes du divin qui persiste et qui résiste au doute. Il suffit par exemple de regarder sans se demander pourquoi le vol parfaitement rectiligne d'une aigrette dans le ciel, cela semble une chose sans aucune valeur, cela ressemble à un hasard dépourvu de tout sens. Et pourtant, ces signes, si fragiles et ténus, nous sont d'un grand secours, plus que toutes les doctrines et prières, plus que toutes les pensées ou philosophies, pour continuer à accepter cette vie.

Au fond, Dieu est dans de simples, dans de brèves apparitions, qui sont autant d'éclaircies, de fenêtres, de perspectives par où pénètre de nouveau un peu d'air pour respirer. Ce peu d'air respirable, venu de plus loin, signe la rencontre, les noces éternelles entre le ciel et la terre.

Tala avait donc un mode de vie particulier, elle avait dû être, autant que j'en pouvais juger, une femme peu encombrée de biens matériels, très indépendante à l'égard du pouvoir des hommes, mais respectueuse du passé qu'elle fêtait en considérant que ce monde en recèle un autre, visible uniquement à ceux qui savent lire en eux.

Au fond ce que j'ai appris de Tala et que j'essaye de faire, ou que ma nature profonde essaye de faire en moi, c'est de trouver Dieu, plus naturellement et plus discrètement à l'intérieur de cette vie. Pour que cette vie ne reste pas, au contraire, trop sage, trop mesurée, il faut donc espérer qu'une lumière étrangère à ce monde reste visible dans notre monde si souvent imparfait et cousu de colères. Ce monde presque invivable.

Il est des moments où je me demande Qui parle encore en moi ? Est-ce ma propre voix ou est-ce celle de Tala qui me traverse ? Le monde est devenu plus obscur, plus impénétrable, infiniment plus dur et menacé. Partout des bombardements, des attentats, des guerres. Au-dessus de nos têtes s'entrecroisent tant d'éclairs fanatiques. L'envie me prend de lâcher prise. J'ai le sentiment que le combat est dérisoire, inégal. Comme dit le poète Jaccottet : « Autant se protéger du tonnerre avec deux roseaux, quand l'ordre des étoiles se délabre sur les eaux. »

Tala n'aurait pas parlé du poète, mais elle aurait approuvé cette parole si simple, si sainte, venue du plus loin, du plus haut. Cette parole sage me traverse aujourd'hui, parce que je me sens plus que jamais moins sûr d'aucune vérité. Ma récompense est de savoir que mon incertitude, mon combat dérisoire, d'autres les partagent. Si le monde est menacé, c'est parce que quelque chose dans l'humain est menacé. Nous avons perdu la parole. Nous avons perdu la vie. Mais nous ne devons pas laisser le dernier mot à la violence, à la bassesse, à la ruine. Il faut espérer, envers et contre tout. Espérer. Le vrai monde est en nous. Il est en chacun. Le combat n'est pas à mener avec les autres. Pas seulement. Il est à mener contre soi. Il faut faire en sorte que chacun puisse se pencher sur l'herbe, y trouver son Dieu, le faire entrer dans son monde intérieur et, de là, rayonner.

Je ne prétends pas que j'ai réfléchi à tout cela de façon claire et suivie. Tout s'enchaîne dans le monde. Ainsi, lorsque je me réjouis de la peine des autres, de leurs échecs, de leurs malheurs, je révèle par là non pas que ce qui leur arrive est bien, mais que je ne suis pas bien moi-même. Car un homme bien ne peut pas éprouver de joie aux malheurs des autres. La joie est divine. C'est ce qui nous élève au-dessus de nous-mêmes et qui nous coupe des préoccupations humaines, trop humaines.

Lorsqu'on a retrouvé la parole perdue, lorsqu'on est guéri de la vie humaine, lorsqu'on s'est enfin réconcilié avec soi-même, on est solaire. On rayonne et on transmet aux autres notre soleil. Celui qui se nourrit de douleurs ne peut que transmettre de la douleur. Celui qui se nourrit de joie ne peut que transmettre de la joie.

La joie échappe à l'âge, à la fatigue. Un vieillard joyeux n'a pas besoin de canne. Il se maintient debout sur une colonne vertébrale invisible. Un jeune malheureux a l'esprit qui faiblit. Il se fatigue, sa vue baisse. Une fois joyeux, le semeur voit son champ verdir. À l'heure de la moisson, il a les plus beaux fruits, les plus belles fleurs. Et lui-même se change en oiseau. Il vole, il triomphe du mauvais œil, regardant lui-même les feuilles de son champ qui s'ouvrent comme des pommes sous le ciel qui se couvre alors d'une mince couche d'argent.

Si chacun retrouve la joie, le monde peut ressembler à un jardin, dans lequel le lion couchera à côté de l'agneau, la panthère à côté de la chèvre et l'enfant mettra le doigt dans le trou de l'aspic. Le seul son que l'on pourra entendre sera celui surgi des fleurs, des mouches, des premiers papillons et des aigles qui traversent le ciel.

Le bonheur. La joie. Il n'est presque pas de jour où je ne découvre avec étonnement cette distinction que Tala m'a apprise et que je transmets à mon tour. Le bonheur est humain. Il appartient à l'ordre des choses humaines, très humaines. Il est passager. Quant à la joie, elle a sa source dans le ciel. Elle nous rappelle l'arbre inversé dont les racines puisent leur sève à même le ciel, tandis que les fruits, les fleurs, les feuilles et les branches sont sur la terre. C'est bien pourquoi ce sentiment, comme autant de territoires de mon être, peut s'imposer comme un mot de prédilection et de délectation. La joie qualifie un état d'être durable. Elle nous met dans la plénitude avec nous-mêmes, avec le monde, avec le ciel.

Avec Tala, j'ai appris que le bonheur n'est jamais parvenu à combler totalement l'être et qu'il demeure, quelque part dans l'âme, des points d'ombre qui nous font souffrir. Il faut donc se convertir à la joie. Celui qui confond la joie et le bonheur ne sait rien de la joie et n'en a jamais rien su. Il parle pour parler, dans la fascination des mots, dans le plaisir musical des phrases qui s'enchaînent.

La joie, la vraie joie, a son double dans notre cœur. Celui qui a bu dans la joie donne et reçoit dans le même mouvement. La joie est comme un baume réparateur qui apaise le sang agité qui circule alors plus facilement dans nos veines. Elle nous fait supporter la vie qui cesse alors de n'être plus à charge. Le bonheur se cherche, tandis que la joie se donne. Elle s'offre à celui qui a réussi à faire le ménage en lui. Qu'on croie en Dieu ou que l'on soit impie, la joie nous ouvre sensiblement au souffle de l'au-delà. Elle est ce moment où l'illumination nous rend sensibles aux petites choses de la vie. Elle nous apprend à nous appliquer à ce que l'on fait. En prendre conscience nous entraîne vers de nouvelles voies d'expression, dans une manière d'approfondissement de soi-même. Celui qui est dans la joie peut faire tout ce qu'il veut, il fera le bien. L'homme dans la joie est au monde comme à cette lumière qui le porte et qui le rend transparent. Cela veut du recueillement, cela veut du silence. Le reste appartient à la postérité qui nous échappe.

Aujourd'hui, je me suis levé, un poème dicté par Tala dans la tête :

Lève les yeux, regarde ces étoiles,
J'habite dans chacune d'elles,
Tu ne me vois pas, un voile épais te couvre encore les yeux.
Regarde ces nuages qui transportent
L'eau que boiront ceux qui n'ont pas la chance de voyager ;
Je suis dans chaque goutte de cette eau.
Si tu verses des larmes à mon départ,
C'est parce que tu n'as pas compris que je suis entrée dans la joie.
Ouvre chaque fenêtre de la maison pour que le soleil y pénètre.
Installe-toi, respire, regarde les fleurs dans ton jardin :
Chacune t'apprend que les morts ne sont pas morts,
Ils ont élu domicile en toi,
Ils sont dans chaque feuille, chaque pétale, chaque insecte.

Ils sont dans le vent qui souffle, dans la tempête qui gronde,
Dans le rayon qui apaise, dans la poussière que tu soulèves
Et qui t'apprend que les morts ne sont pas morts,
Ils ont élu domicile en toi ;
Ils sont dans l'enfant qui naît,
Ils sont dans la main que tu touches,
Dans la pierre qui se réchauffe au soleil,
Dans le ruisseau qui serpente,
Dans l'épaisseur de la pluie,
Encore chargée du chant du colibri.
Cette voix, cette main, ce regard, ce sourire, cette ombre claire
Qui passent en mots, c'est encore moi ;
Je ne pars pas pour toujours, je te précède
Pour te préparer le chemin de la vraie lumière.

Si je m'absente, c'est pour te souffler que
La joie a son double dans ton cœur.

À mon réveil, scribe fétichiste et maniéré, j'avais noté le poème dans un carnet que je portais dans la poche de ma chemise. Je le chérissais, comme on serre l'être aimé au plus près de son cœur, pour entrer dans sa lumière. Mon corps était attentif à chaque vers, chaque strophe. Je pouvais passer des heures à contempler ces mots, comme les étoiles ou le mouvement des nuages ; j'apprenais à aimer les reflets sur l'eau des rivières, à chercher les ombres dans la lumière, à saisir les brins de soleil jetés au vent.

Tel le chant du grillon, la voix de Tala m'accompagnait dans mon sommeil. Saint-Exupéry avait-il réellement entendu le Petit Prince après sa chute dans le désert ou l'avait-il rêvé, dans cet état singulier de demi-conscience ? De même avais-je vraiment entendu cette voix qui se confondait avec le frémissement des palétuviers et qui peuplait ma nuit de ses échos ? L'avais-je entendue ou ne l'avais-je pas entendue cette vague musique qui rappelait les rimes des comptines enfantines ? Peut-être me racontais-je des histoires ou récitais-je ma leçon dans ce qui ressemblait à un festin de noces d'adieu auquel Tala m'avait convié et que je voulais vivre jusqu'au bout.

J'étais devenu sensible à ce qui vibrait, à ce qui frissonnait, je saisissais les moires qui savent signifier, sans l'avouer, l'impénétrable. J'aurais été prêt à bramer, ou à chanter comme un coq, si je l'avais lu, car Tala était si pure que sa perfection pouvait se fixer, par miracle autant que par nécessité, en poème.

Petit enfant au couvent, le père Michel nous rappelait que le corps était sale et qu'il fallait se confesser le vendredi lorsqu'on avait joué à touche-pipi. Il nous disait aussi que nous n'avions pas besoin de sexualité, il disait plus précisément de « génitalité », car la liqueur séminale s'évacue de toute façon avec la première urine du matin. Le futur curé n'avait donc pas besoin de son corps et lorsqu'il avait eu des pensées mauvaises, il devait se répéter en boucle, en rythme binaire, de préférence en marchant, comme une valse à deux temps :

Seigneur Jésus Christ
Fils de Dieu vivant
Aie pitié de moi, pécheur…

Il aura fallu attendre Tala pour qu'enfin j'accepte mon corps et que je comprenne que je dois en prendre soin et l'aimer, car il est le véhicule de mon âme. C'est par lui que l'on peut voyager, construire, inventer, créer, transformer le monde, dominer l'histoire. Mais le corps n'en porte pas moins sa faiblesse radicale qu'il faut aussi accepter. Il meurt lentement celui qui n'accepte pas son corps ou qui en est esclave. Me revenait ce moment où j'avais été si gêné le jour où la vieille dame m'avait ausculté, tout nu dans sa cour. Une réponse m'illumina de l'intérieur, comme une évidence. J'avais un jour demandé à Tala si elle pouvait éprouver de la douleur. Elle avait souri. Son absence me soufflait à présent qu'il n'y avait rien de tel, pour communiquer à l'humain le sentiment de vivre et la sensation réelle des lointains originels, que la douleur pesante et sourde du mal qui saisit les viscères. Si je souffre, c'est que je suis encore vivant.

Le corps joue un rôle capital dans le rapport à soi et le rapport aux autres. C'est lui qui retient toute la lourdeur du monde et toute la lenteur du temps. Il est aussi le véhicule visible autour duquel la vie elle-même ahane, point de fixation et d'orchestration d'états d'humanité. Il suffirait alors que les soignants et leurs assistants posent la main sur un malade, sur celui qui souffre, pour apaiser le cœur de la mélancolie et en même temps calmer la douleur. Il n'y a pas de condamnation à mort. Il y a la condamnation à vie. Un corps en souffrance s'épuise en vaines agitations. Si les médecins savaient, si l'infirmière savait que par la main, par le regard, par la respiration même et l'écoute, ils peuvent guérir, ils agiraient autrement. Ils cesseraient en réalité de se soumettre aux seuls rites médicaux. Ils comprendraient que la main porte loin puisque la peau est plus profonde que tout le reste. On le fait avec les animaux, il suffirait d'y penser quand il s'agit des humains. Utiliser les cinq sens dans l'acte médical permet d'échapper à la monotonie rituelle des actes qui emplissent le temps.

Celui qui aime son corps prend le risque de réaliser ses rêves. Je remercie Tala qui m'a permis de ne pas refaire tous les jours les mêmes chemins, de m'endormir dans l'illusion de la répétition, comme un tel qui ne change jamais la couleur de ses vêtements pour ne pas passer pour un autre.

J'aurais dû ouvrir grand les yeux, mon cœur, mes oreilles, pour lire ce qui était déjà écrit et que je peinais à découvrir. J'aurais dû écouter mes rêves. Je savais pourtant qu'écouter ses rêves, c'est guérir.

Je t'y ai vue, à côté d'une femme qui t'accompagnait, portant une robe, *kaba ngondo,* aux couleurs chatoyantes. Un aigle planait dans le ciel. La femme te racontait sa vie, toute sa vie ; elle avait connu la gêne, les fins de mois difficiles, la hantise des factures impayées, la modicité des projets ordinaires de la vie pour elle-même et pour sa famille. Tu l'écoutais, tu souriais. Sans jamais t'apitoyer. Toi tu étais nue, comme à ton habitude, d'une nudité qui n'affectait pas ta dignité, mais la couvrait, presque religieusement, d'une petite gerbe.

Chaque mot qui sortait de ta bouche t'inscrivait encore plus dans le temps. La concision chez toi n'était pas seulement verbale, elle était existentielle. En peu de mots, tu as fait comprendre à la femme qu'elle confondait la nudité matérielle, accessoire, avec celle de l'âme, essentielle. Ta chèvre, fidèle, l'avait compris. Son regard rappelait que tu régnais sur les âmes un peu à la manière d'une reine des abeilles, dans la modestie, la gentillesse, la bonté ; toujours dans la pudeur, toujours dans la réserve.

Chaque détail du monde nous annonce ce qui va arriver. Chaque épisode de l'existence vient après et presque en dehors nous dire, comme un messager, ce qui va se passer.

Les signes nous apprennent que chacun abrite sous ses paupières tout le champ actuel et à venir de la vie. Je n'y ai pas échappé.

Voici que j'apprends que tu t'es retirée seule dans la forêt, pour mourir. Je m'étonne d'abord que personne ne soit allé à ta recherche. Dans les temps modernes, la moindre disparition donne lieu à des signalements, des avis de recherche, des battues. Là-bas, rien de tout cela. À l'heure où la découverte d'un corps permet de faire le deuil et signe concrètement et réellement la mort, tu avais exigé que l'on ne te recherche pas.

Je me ravise. Il me faudrait user d'interminables phrases pour exprimer la communion de ton corps avec la nature et pour évoquer ta singularité comme une graine au vent qui attend la germination. Ta vie a été pour moi une longue phrase, exemplaire, mélodique, et même poétique, dont je sens l'arborescence se déployer en moi et affleurer dans les mots que j'écris. Peut-être viendra-t-elle un jour à maturité pour se dérouler, comme le rouleau de la Torah à la lumière du dernier soleil.

Les mots qui me viennent sous la pression d'une nécessité intérieure n'ont d'autre matière première exploitée que des réminiscences et ne seront rien de plus qu'une approche, une tentative, pour cerner et envelopper la vérité de mon expérience.

Si j'écris, c'est pour transmettre ce que j'ai reçu : le trésor le plus intérieur qui puisse être, je n'en connais pas d'autre. Notre rencontre s'est inscrite sur le fond d'une succulence immédiate grâce à quoi toute saveur a pu, plus tard, prendre le goût des choses, celui du pain, celui du vin ou celui du feu. Tu as diversifié ma soif du monde par des enseignements implicites emplis de cette saveur primordiale, celle même de l'enfance dans l'enfant, saveur de la chair dans la chair et qui ne deviendra limpide que lorsque j'aurai bouclé le cercle de mon récit, à l'image du cercle de ma destinée.

Tu t'es offerte au vent, au soleil, aux insectes, aux plantes, à la pluie, à la terre. Tu es partie sans histoire. Tu es partie sans cette agitation qui saisit de plein fouet le corps et l'âme, dans le bruit et la fureur, dans le désir de grandes actions et de grandes aventures. Chez toi, l'aventure est purement intérieure. Il y aura eu cet aigle qui t'accompagnait. Lorsque son pèlerinage entre terre et ciel s'achève, l'aigle se retire dans une cachette, arrache toutes ses plumes, brise son bec et se met à nu, attendant qu'une nouvelle vie commence. À présent que les yeux de ta chair se sont fermés, ton vrai regard, comme celui de l'aigle, comme celui de tout être éveillé, porte beaucoup plus loin. Le saint est celui qui part sans laisser de trace...

Puisque les grandes actions tiennent dans un mouchoir de batiste, comme celles de Socrate, de Christ, de Tala, chaque œuvre nous rappelle que cette vie est le dérisoire paravent derrière lequel se dissimule la vraie vie. Les absents nous révèlent que le monde caché dans celui-ci est en nous. Rien ne peut mieux me communiquer cette évidence que l'angoisse pesante et sourde qui saisit mes viscères après la mort de Tala. Il y a aussi l'angoisse de me dire qu'elle s'est retirée pour que je grandisse.

Je reste démuni face à la haute muraille des mots pour dire ce qui ne se dit pas. Je reste convaincu que parler, c'est jeter un voile sur le réel. Je ferme les yeux. Ma main explore sans espoir une forme, peut-être une autre main, avant de se retirer et de retomber dans le vide. Tout est accompli.

J'ai vu des pauvres aller chez Tala. J'ai rencontré des riches. J'ai vu des malades quémander guérison, j'ai rencontré des bien-portants qui s'y découvraient malades. Il fallait vraiment que Tala nous dévoile son cœur pour que nous autres, dans notre obstination au bien-être, disposions d'un point de mire qui nous apprenne le sens des vraies valeurs, qui nous apprenne que l'ordre économique et social n'est pas l'ordre tout entier ; que le véritable ordre, celui qui élit domicile dans le cœur, vaut, en soi, contre toutes les manipulations et tous les succès de mode.

Cette femme de peu habite désormais une forêt d'arbres en voie de disparition. Depuis son passage comme une comète, je sais que le désert n'est pas du tout où l'on croit l'apercevoir, il est aux portes de notre cœur.

Il m'aura donc fallu tant d'années pour quitter la rive des certitudes et découvrir ce que les livres n'ont pas su me dévoiler, que nous devons chercher hors de nous la mesure de ce que nous sommes, que la richesse est au-dedans ou elle n'est pas. Toute une vie en représentation, en discours, en visites mondaines, en fréquentations de convenance, pour m'apercevoir que mon être était double : alors que quelque chose en moi se porte à la conquête du soleil, une autre part de mon être se tourne vers l'astre d'une autre lumière, noire et brûlante.

Nul n'est saint s'il laisse une trace...

Le TAO

DANS LA MÊME COLLECTION

José Eduardo AGUALUSA
La saison des fous

Aminata AIDARA
Je suis quelqu'un

Kangni ALEM
Un rêve d'Albatros

Théo ANANISSOH
Lisahohé
Un reptile par habitant
Ténèbres à midi
Delikatessen

Nathacha APPANAH
Les rochers de Poudre d'Or
Blue Bay Palace
La noce d'Anna

Mariama BARRY
Le cœur n'est pas un genou que l'on plie

Blick BASSY
Le Moabi Cinéma

Pascal BÉJANNIN
Mammo

BESSORA
Cueillez-moi jolis Messieurs...
Et si Dieu me demande, dites-Lui que je dors

Mongo BETI
Le Rebelle I
Le Rebelle II
Le Rebelle III

Florent COUAO-ZOTTI
Poulet-bicyclette et Cie
Western tchoukoutou

Jacques DALODÉ
Très bonnes nouvelles du Bénin

Ananda DEVI
Pagli
Soupir
Le long désir
La vie de Joséphin le fou

Aly DIALLO
La révolte du Kòmò

Ousmane DIARRA
Vieux Lézard
Pagne de femme
La route des clameurs

Eugène ÉBODÉ
La transmission
La divine colère
Silikani
Métisse palissade
La Rose dans le bus jaune
Souveraine Magnifique
Le Balcon de Dieu

EDEM
Port Mélo

Gaston-Paul EFFA
Le cri que tu pousses ne réveillera personne
Rendez-vous avec l'heure qui blesse
Le miraculé de Saint-Pierre
La verticale du cri

Libar M. FOFANA
Le fils de l'arbre
N'körö
Le cri des feuilles qui meurent
Le diable dévot
L'étrange rêve d'une femme inachevée
Comme la nuit se fait lorsque le jour s'en va

Emmanuel GENVRIN
Rock Sakay
Sabena

Mambou Aimée GNALI
Bèto na Bèto. Le poids de la tribu
L'or des femmes

Emmanuel GOUJON
Depuis le 11 septembre

Mahamat-Saleh HAROUN
Djibril ou les ombres portées

Marie-Thérèse HUMBERT
Les désancrés
Maisons et Royaumes

Sylvie KANDÉ
Lagon, lagunes
La quête infinie de l'autre rive

Fabienne KANOR
D'eaux douces
Humus
Les chiens ne font pas des chats
Anticorps

Edem KODJO
Lettre ouverte à l'Afrique cinquantenaire

Koffi KWAHULÉ
Babyface
Monsieur KI Rhapsodie parisienne à sourire pour caresser le temps

Henri LOPES
Ma grand-mère bantoue et mes ancêtres les Gaulois
Une enfant de Poto-Poto
Le Méridional

Antoine MATHA
Épitaphe

Justine MINTSA
Histoire d'Awu

Boniface MONGO-MBOUSSA
Désir d'Afrique
L'indocilité Supplément au Désir d'Afrique

Scholastique MUKASONGA
Inyenzi ou les Cafards
La femme aux pieds nus
L'iguifou Nouvelles rwandaises
Notre-Dame du Nil
Ce que murmurent les collines Nouvelles rwandaises

Tidiane N'DIAYE
Les Falachas, Nègres errants du peuple juif
Le génocide voilé
Par-delà les ténèbres blanches
Le jaune et le noir
L'appel de la lune

Donato NDONGO
Les ténèbres de ta mémoire

Mamadou Mahmoud N'DONGO
La géométrie des variables
Mood Indigo
Remington
Les corps intermédiaires
Kraft
Golda Kane

Patrice NGANANG
L'invention du beau regard

Idi NOUHOU
Le roi des cons

Gaël OCTAVIA
La fin de Mame Baby

Frédéric OHLEN
Quintet
Les mains d'Isis

Jean-François SAMLONG
Une guillotine dans un train de nuit
En eaux troubles
Hallali pour un chasseur
Un soleil en exil

Arnold SÈNOU
Ainsi va l'hattéria

Amal SEWTOHUL
Histoire d'Ashok et d'autres personnages de moindre importance
Les voyages et aventures de Sanjay, explorateur mauricien des Anciens Mondes
Made in Mauritius

Natasha SOOBRAMANIEN
Genie et Paul

Sami TCHAK
Place des Fêtes
Hermina
La fête des masques

Amos TUTUOLA
L'ivrogne dans la brousse

Tchicaya U TAM'SI
J'étais nu pour le premier baiser de ma mère, Œuvres complètes, I
La trilogie romanesque Les cancrelats – Les méduses – Les phalènes, Œuvres complètes, II
Ces fruits si doux de l'arbre à pain – La main sèche – Légendes africaines, Œuvres complètes, III

Abdourahman A. WABERI
Rift Routes Rails
Transit

Composition : PCA/CMB.
Achevé d'imprimer
sur Roto-Page
par l'Imprimerie Floch
à Mayenne, en août 2019.
Dépôt légal : août 2019.
Numéro d'imprimeur : 94799.

ISBN 978-2-07-284638-0 / Imprimé en France.

349699